Mit **FURORE** kochen

... und genießen

Wir ziehen Sie an

FURORE

www.furore-mode.de

Damen & Herrenmode · Ludwigsstr. 9 · 55116 Mainz

Nicht nur anders. Besser.

Monika und Franz Weinand

Mit FURORE kochen

... und genießen

LEINPFAD
VERLAG

Tapas und Kleinigkeiten 11

Gemüse und Salate 29

Pasta, Risotto und Suppen 59

Meeresfrüchte 81

Fisch 99

Geflügel 135

Fleisch 157

Süsses 179

Kochen und Mode
guter Geschmack ist unsere Leidenschaft

Liebe Leserin, lieber Leser:

Vielleicht kennen Sie uns ja schon: Wir, Monika und Franz Weinand, führen einen Laden für exklusive Damen- und Herrenmode in Mainz – FURORE. Auch nach mehr als 25 Jahren sind wir noch immer mit Begeisterung bei der Sache. Und obwohl wir unseren Stil längst gefunden haben, ist unsere Neugier, was Trends und Ideen in der Mode betrifft, ungebrochen.

Ähnlich geht es uns mit unserem Hobby, dem Kochen. Jeden Abend nach der Arbeit wird bei uns zu Hause gekocht. Da wir aber nicht immer viel Zeit dafür aufwenden können, müssen unsere Rezepte einfach und unkompliziert sein. Deshalb nutzen wir die Wochenenden zum Ausprobieren und dazu, Basics wie beispielsweise Fonds und Saucen zuzubereiten, die wir dann für die weitere Verwendung einfrieren. Nichts finden wir beide entspannender und kreativer, als gemeinsam für uns oder Gäste zu kochen, Gerichte nach unserem Gusto abzuwandeln oder eigene Rezepte auszutüfteln. Auch unsere Kunden bei FURORE verwöhnen wir zu speziellen Anlässen gerne einmal mit verschieden belegten Crostini, herzhafter Quiche oder selbst gemachtes Weihnachtsgebäck.

So wie wir unseren Stil in der Mode gefunden haben, haben wir im Laufe der Zeit auch eine eigene Art zu kochen entwickelt. Und da wir immer wieder nach diesem oder jenem Rezept gefragt wurden, kam uns irgendwann die Idee zu einem Kochbuch. Schließlich ist ohne Stress gut und kreativ kochen unserer Meinung nach keine Hexerei. Und so haben wir mit Freude unsere Rezepte niedergeschrieben, damit nicht nur unsere Freunde, sondern auch unsere Kunden und alle interessierten Hobbyköche, Gerne-gut-Esser und natürlich SIE sie nachkochen können.

VORWORT

Unsere Küche der leichten Art ist Koch- und Essvergnügen gleichermaßen und mit etwas Übung leicht nachzuvollziehen. Alle Rezepte wurden von uns nach unserem persönlichen Geschmack zusammengestellt, erfunden oder neu interpretiert. Sie basieren auf einfach zu verarbeitenden Grundprodukten bester Qualität. Wir entdecken alte deutsche Spezialitäten neu, setzen aber auch mediterrane und asiatische Akzente. Und Sie werden sehen: Wie unsere Mode zwar extravagant, aber immer tragbar ist, sind auch unsere Rezepte trotz ihres hohen, kulinarischen Niveaus keineswegs kompliziert.

Einige Gerichte stammen von Urlaubsreisen und wir kochten sie ohne ein vorliegendes Rezept „aus dem Bauch" heraus nach. Andere spiegeln unsere Verbundenheit mit Stadt und Region wieder, wie die vielen Spargelrezepte oder eine Abwandlung der typischen „Määnzer Fleischworscht". Die Zusammenstellung ist sicherlich ungewöhnlich, aber, wie schon gesagt, ganz von unserem persönlichen Geschmack geprägt.

Wir vertrauen darauf, dass die Zubereitung der Speisen so anschaulich und einfach beschrieben ist, dass schon das Durchblättern des Buches Ihnen Lust macht, das eine oder andere Rezept auszuprobieren – haben Sie keine Berührungsängste!

Die Auswahl frischer Zutaten und besonderer Gewürze sowie die schonenden Garmethoden werden auch die Feinschmecker unter Ihnen überzeugen. Kräuter, Kerne, Sprossen und Salate sind wichtige Bestandteile unserer Küche. Knoblauch und Zwiebeln sparen wir hingegen gänzlich aus, was dem Geschmackserlebnis aber keinerlei Abbruch tut.

Viel Wert legen wir auf die Auswahl saisonaler Lebensmittel und ihre bewusst einfache Zubereiten. Sehr wichtig ist uns aber auch das Anrichten der Speisen: Die ansprechende

Gestaltung des Tellers – Anregungen hierfür finden Sie auf den Fotos in diesem Buch – rundet das Kocherlebnis ab und erhöht die Vorfreude aufs Essen. Schließlich will „Mit FURORE kochen und genießen" Sie nicht nur zum Nachkochen verführen, sondern Ihnen Erlebnisse für alle Sinne bescheren! Mode und Kochen thematisch zu verbinden, ist gar nicht so abwegig, wie es im ersten Moment vielleicht erscheint. Beides richtet sich schließlich nach den Jahreszeiten, bei beidem sind die Materialien entscheidend für die Qualität und sowohl in der Mode wie beim Kochen sind der Kreativität kaum Grenzen gesetzt. Für uns ist dieses Kochbuch die Verwirklichung einer sehr persönlichen Idee – und unsere ganz eigene Art, dem in der Mode immer übermächtiger werdenden Online-Handel Paroli zu bieten: mit Individualität, Originalität und gutem Geschmack.

Willkommen in unserer Küche, willkommen bei **FURORE**.

Und viel Spaß beim Aus- und Anprobieren!

Monika und Franz Weinand

Tipps zur Benutzung unseres Kochbuches:

Im Kapitel ‚Basics' (ab S. 194) finden Sie die Grundrezepte für wichtige Bestandteile unserer Küche wie verschiedene Saucen und Fonds usw.

Und unter ‚Zutaten' (S. 197) beschreiben wir von uns gern genutzte Zutaten, die vielleicht nicht ganz so gebräuchlich sind, und nennen Ihnen Einkaufsmöglichkeiten.

Wenn nicht anders angegeben, beziehen sich alle Rezepte auf 2 Personen.

VORWORT

1 | Tapas und Kleinigkeiten

Involtini mit Lachs und Forellenkaviar

Für 6 Portionen:
3 Lasagneblätter
12 Scheiben gebeizter Lachs, Rezept siehe Seite 196

10 g Forellenkaviar
100 ml Mayonnaise, Rezept siehe Seite 194
1 Msp. Sambal oelek
1 TL weißer Balsamico Essig

Zubereiten

1. Die Lasagneblätter halbieren, in reichlich kochendem Salzwasser al dente garen, abschrecken und gut abtropfen lassen. Lasagneblätter bis zum Gebrauch in feuchte Tücher legen.
2. Die Mayonnaise mit Sambal oelek und Balsamico Essig verrühren. Klarsichtfolie in der Größe der Nudelblätter zuschneiden, die Blätter darauflegen und mit der Hälfte der Mayonnaise bestreichen, dabei 2 EL Mayonnaise zum Anrichten aufheben. Anschließend die Lasagneblätter mit den Lachsscheiben belegen.
3. Die restliche Mayonnaise mit dem Forellenkaviar, etwas davon als Deko aufheben, verrühren und auf dem Lachs verteilen, mit Hilfe der Folie einrollen und 2 Std. kühl stellen.

Anrichten

Die Röllchen in 3 cm breite Stücke schneiden und als Fingerfood servieren. Die restliche Mayonnaise mit Forellenkaviar dekorieren und dazu reichen.

Trüffel von der Entenleber mit Pumpernickel-Crumbles

Für 2 Portionen:
2 Scheiben Pumpernickel
100 g Entenleber
1 Spritzer Armagnac
30 ml weißer Portwein
3 EL Butter
Salz

Für das Apfelragout:
1 Braeburn Apfel
30 ml Chardonnay
1 TL Weißweinessig
1 Sternanis, 1/2 TL Zimt, Cayennepfeffer
Speisestärke

2 Kapuzinerkresseblüten

Zubereiten

1. Für die Crumbles den Pumpernickel bei 50° im Backofen 2 Std. trocknen, anschließend im Cutter grob hacken.
2. Die Leber waschen, von den Sehnen befreien und in der Butter bei milder Hitze 5-8 Minuten garen, salzen und abkühlen lassen. Die Leber in eine Schüssel geben und 4 Std. mit dem Alkohol marinieren. Herausnehmen und im Mixer mit der Butter pürieren, sodass eine homogene Masse entsteht. Mit Salz abschmecken.
4. Den Apfel schälen, das Kerngehäuse entfernen, quer halbieren und aus der Mitte 8 dünne Scheiben schneiden. Diese mit Weißweinessig besprühen.
5. Für das Apfelragout den restlichen Apfel klein würfeln und mit dem Wein, dem Essig und den Gewürzen ca. 3 Minuten dünsten, Sternanis entfernen und gegebenenfalls mit Speisestärke binden: Dafür die Stärke mit wenig Wasser verrühren, dann in das heiße Apfelragout einrühren, noch einmal aufkochen.
6. Aus der Entenlebermousse Kugeln von 2 cm Durchmesser formen und in den Crumbles wälzen.

Anrichten

Die Apfelscheiben auf den Tellern verteilen, darauf die Trüffel setzen, mit dem Apfelragout umgeben und mit Kapuzinerkresseblüten dekorieren.

Körnerbrotschnitten mit Blauschimmelkäse

Für 8-10 Portionen:
250 g Butter
380 g Blauschimmelkäse
50 g getrocknete Tomaten
3 Thymianzweige
Salz und Pfeffer
500 g Kastenvollkornbrot

16-20 Cocktailtomaten
Steakpfeffer
Olivenöl

Zubereiten
1. Die weiche Butter schaumig rühren, den Käse mit einer Gabel zerdrücken und mit der Butter verrühren.
2. Die Thymianblättchen abzupfen, die Tomaten fein hacken und mit dem Thymian zu der Butter-Käse-Mischung geben. Mit Salz und Pfeffer abschmecken.
3. Das Brot in 6 mm dünne Scheiben schneiden. Drei Scheiben jeweils 3-4 mm dick mit der Käsecreme bestreichen, mit der 4. Scheibe abdecken. Über Nacht im Kühlschrank durchziehen lassen.

Anrichten
Die geschichteten Brote mit einem elektrischen Messer diagonal halbieren.
Die Tomaten auf Zahnstocher spießen, mit Olivenöl bepinseln, in Steakpfeffer wenden und zu den Brot-Dreiecken geben.

Nusspesto mit Datteln im Schinkenmantel

Für 10 Portionen:
10 Datteln
1/2 EL Tabasco
5 Scheiben Serranoschinken
Olivenöl

Für das Pesto:
1 EL Olivenöl
1 Bio-Limone
1 Orange
1 EL Honig
1 TL Lebkuchengewürz
50 g Mandeln
50 g Haselnüsse

Zubereiten
1. Die Datteln entkernen und in Tabasco 30 Minuten marinieren. Die Schinkenscheiben längs halbieren.
2. Die Datteln mit einer halben Scheibe Schinken umwickeln, den Schinken mit einem Zahnstocher fixieren und in einer Pfanne in Olivenöl knusprig braten.
3. Von der Limone mit dem Zestenreißer die äußere Schale abreiben.
4. Die Orange auspressen und den Saft mit dem Honig auf die Hälfte einkochen. Die Hälfte der Limonenzesten dazugeben.
5. Die Nüsse und die Mandeln fein hacken, zu dem Saft geben, mit dem Lebkuchengewürz aromatisieren.

Anrichten
Die Datteln auf kleine Teller geben. Das Nusspesto zum Dippen in kleinen Schüsseln dazu servieren und mit den restlichen Limonenzesten bestreuen.

Paccheri gefüllt mit Thunfischcreme

Für 2 Portionen:
30 g Rosinen
20 ml Portwein
1 Dose Thunfisch in Öl
150 g Dicke Bohnen, TK
8 Paccheri (kleine Nudelrollen)
1 TL Honig

1 TL weißer Balsamico Essig
100 ml Mayonnaise, Rezept siehe Seite 194
Salz, Pfeffer
2 Stiele Thai Basilikum

Zubereiten
1. Die Rosinen mit dem Portwein 3 Minuten aufkochen.
2. Den Thunfisch abtropfen lassen, zerpflücken und mit den Rosinen mischen.
3. Die Bohnen in kochendes Salzwasser geben, 2 Minuten blanchieren und kalt abschrecken. Die Bohnen aus den Häuten drücken und 2/3 der Bohnenkerne zu der Thunfischmischung geben.
4. Die Nudeln in Salzwasser al dente kochen und auskühlen lassen.
5. Den Honig und den Balsamico Essig zu 50 ml Mayonnaise geben und mit Salz und Pfeffer abschmecken. Die Hälfte unter die Thunfischmischung heben.
6. Die Paccheri mit der Thunfischcreme füllen.

Anrichten
Mit der restlichen Mayonnaise einen Spiegel auf die Teller gießen, darauf die Röllchen platzieren, mit den restlichen Bohnen und den Thai Basilikum-Blättern dekorieren.

Thymian-Quiche mit Bratwurstbrät

Für 8 Portionen:
Für den Teig:
200 g Mehl
100 g weiche Butter
50 g Wasser
1 Prise Salz

Für den Belag:
4 dünne Bratwürste
3 Minizucchini, ca. 150 g
200 g Sahne
3 Eier
200 g grob geriebener Gouda
1 Msp. Cayennepfeffer, Salz, Muskat
1 Bund Thymian

Zubereiten

1. Alle Zutaten zu einem Teig verarbeiten. Den Teig auf einer Backfolie ausrollen, auf ein Backblech geben und einen Rand hochziehen. Den Boden mit einer Gabel einstechen und bei 180° 15 Minuten vorbacken.
2. Bratwurst aus dem Darm drücken, zu 1 cm großen Kugeln rollen und in einer Pfanne in Olivenöl scharf anbraten.
3. Die Zucchini in 1/2 cm dicke Scheiben schneiden. Von 3 Thymianstengeln die Blättchen abzupfen.
4. Die Sahne mit den Eiern, dem Käse und den Gewürzen verquirlen und die Thymiablättchen dazugeben.
5. Die Brätkugeln und die Zucchinischeiben auf dem Teig verteilen und die Eiermasse darüber geben.
6. In 30 Minuten bei 180° fertig backen. Auskühlen lassen.

Anrichten

Die restlichen Thymianzweige großzügig auf einem Tablett verteilen, die Quiche in Würfel schneiden und auf dem Thymian platzieren.

Blätterteigschnecken mit Oliventapenade

Für 4 Portionen:
100 g Oliventapenade, Rezept siehe Seite 194
3 EL Olivenöl
1 Zweig Thymian
3 getrocknete Tomaten, fein gehackt
2 Blätterteigplatten, TK
Mehl zum Bearbeiten

Zubereiten
1. Die Oliventapenade mit dem Olivenöl, den Thymianblättchen und den Tomaten verrühren.
2. Die aufgetauten Blätterteigplatten auf einer mit Mehl bestäubten Arbeitsfläche zu Rechtecken ausrollen und mit der Tapenademischung bestreichen. Von den beiden langen Seiten aus zur Mitte aufrollen.
3. Die Rollen mit einem Messer in 1,5 cm dicke Scheiben schneiden, auf ein mit Backpapier ausgelegtes Blech legen und im vorgeheizten Backofen bei 180° auf der mittleren Schiene ca. 10-12 Minuten backen.

Gugelhupf mit Mandeln und getrockneten Tomaten

Für 4 Portionen:
120 g eingelegte getrocknete Tomaten
4 Eier
3 EL Puderzucker
1/2 TL Salz
5 EL Olivenöl
125 ml Weißwein

80 g gehackte Mandeln
200 g Mehl
10 g Backpulver
Butter und Mandelblättchen für die Förmchen

Zubereiten

1. Tomaten abtropfen lassen, fein hacken, die Eier mit dem Zucker und dem Salz schaumig schlagen und nach und nach das Öl und den Weißwein unterrühren. Gehackte Mandeln und Tomaten, Mehl und Backpulver in den Teig geben und gut verrühren.
2. Die Gugelhupf-Förmchen (Durchmesser 10 cm) mit Butter ausfetten und mit Mandelblättchen ausstreuen.
3. Den Teig in die Förmchen füllen und bei 140° 20 Minuten backen.
4. Die kleinen Gugelhupfe leicht auskühlen lassen und auf ein Kuchengitter stürzen.

1 Tapas und Kleinigkeiten

Lachscrostini mit Sushi-Ingwer und Wasabicreme

Für 2 Portionen:
200 g Lachsfilet
Olivenöl
Salz
2 Scheiben italienisches Landbrot
1 EL Sushi-Ingwer, Rezept siehe Seite 195
20 g Mandelsplitter

Für die Creme:
50 ml Sahne
1-2 TL Wasabipaste

Zubereiten
1. Das Lachsfilet in einer Pfanne in Olivenöl auf der Hautseite 2 Minuten bei mittlerer Temperatur anbraten, wenden und 5 Minuten ziehen lassen, das Filet sollte innen noch leicht roh sein. Salzen.
2. Das Landbrot unter dem Grill oder im Toaster goldbraun rösten.
3. Die Mandelspitter in etwas Olivenöl anrösten.
4. Für die Creme 1 EL Sahne mit der Wasabipaste verrühren, die restliche Sahne halbsteif schlagen und zu der Wasabipaste geben.

Anrichten
Die Wasabicreme auf die halbierten Brotscheiben streichen und mit dem Sushi-Ingwer belegen. Darauf den Lachs setzen und mit den Mandelsplittern bestreuen.

Crostini mit Entenleber

Für 4 Portionen:
8 Baguettescheiben
250 g Entenleber (oder Putenleber)
2 EL Butter
2 EL Apfelwürfel

1 Schuss Weißwein
1 EL kleine Kapern
1 TL Thymian, gehackt
1 TL Butter
Cayennepfeffer

Zubereiten

1. Die Leber in einer Pfanne in Olivenöl braten, salzen und mit Thymian bestreuen.
2. Die Hälfte davon mit der Butter zu einer Paste mixen, mit Cayennepfeffer und Salz abschmecken und auf die gerösteten Brotscheiben streichen.
3. Die Apfelwürfel mit 1 TL Butter anbraten und mit einem Schuss Weißwein kurz aufkochen, ohne dass sie weich werden.
4. Die restliche Leber in kleine Würfel schneiden, nochmals kurz braten, salzen. Die Hälfte dieser Leberwürfel mit den Apfelwürfeln mischen und auf 4 der Brotscheiben verteilen. Die restlichen Leberwürfel mit den Kapern mischen und auf die anderen Brotscheiben geben.

2 | Gemüse und Salate

Salat mit Pulpo und Nektarinen

1 kleiner Kopfsalat
2 Nektarinen
2 EL Cointreau
20 schwarze Oliven, entsteint und halbiert
300 g Pulpo gekocht, Rezept siehe Seite 196
Olivenöl
Meersalz
Piment d'espelette

Für die Vinaigrette:
3 EL weißer Balsamico Essig
3 EL Olivenöl
1 TL Agavendicksaft
Salz
1 Schuss Sprudel

Zubereiten
1. Den Salat putzen, waschen, trocken schleudern und in mundgerechte Stücke zupfen.
2. Die Nektarinen in Stücke schneiden und in Cointreau marinieren.
3. Aus den Vinaigrettezutaten eine Salatsauce rühren.
4. Den Salat mit der Vinaigrette anmachen, gut mischen, Obst und Oliven unterheben.
5. Den Pulpo in dicke Scheiben schneiden, in einer Pfanne in Olivenöl kurz anbraten, mit Meersalz und Piment d'espelette würzen.

Anrichten
Den Salat auf die Teller geben und mit dem Pulpo umlegen.

Tipp
Je nach Saison Minze, Korianderblätter oder Thai Basilikum dazugeben.

Exotischer Geflügelsalat mit Curry und Orange

300 g Putenfilet
Olivenöl
Salz
100 ml Orangensaft
2 TL gelbe Currypaste
1 Msp. Sambal oelek
100 ml Mayonnaise, Rezept siehe Seite 194
1/2 Bund Koriander

1 Bataviasalat
Olivenöl
1 TL weißer Balsamico Essig
1 kleine Landgurke, ca. 200 g
1 Orange

Zubereiten

1. Das Putenfilet salzen, in einer Pfanne in Olivenöl nicht zu scharf anbraten und langsam garen. Abgekühlt in mundgerechte Stücke schneiden.
2. Den Orangensaft etwas einkochen und abkühlen lassen; die Hälfte mit der Currypaste, Sambal oelek und der Mayonnaise zu einer sämigen Sauce aufschlagen und mit Salz und Zucker abschmecken.
3. Die gewaschenen Salatblätter in kleine Stücke schneiden, mit etwas Balsamico Essig und Olivenöl besprühen, leicht salzen.
4. Die Gurke schälen, längs halbieren, entkernen, in 5 mm dicke Scheiben schneiden und salzen.
5. Die Orange schälen, filetieren; Orangenfilets und Gurkenscheiben zum Geflügelfleisch geben und mit dem restlichen Orangensaft eine Stunde marinieren.
6. Die Korianderblätter von den Stielen zupfen, die Hälfte klein schneiden und zum Geflügelfleisch geben.

Anrichten

Den Salat mit dem restlichen Koriander mischen und auf die Teller geben. Darauf die Gurken-Orangen-Geflügel-Mischung setzen und mit der Currysauce überziehen; die restliche Sauce dazureichen.

Frühlingsrollen mit Tamarinden-Dip

250 g Putenfilet
2 EL Sahne
1 Zucchini
1 große Möhre
125 g Shiitake-Pilze
100 g Sojakeimlinge
Sonnenblumenöl
4 Wontonblätter, TK
1 Msp. Sambal oelek, Salz,

Sojasauce, Palmfett
1/2 Bund Thai Basilikum , 1/2 Bund Koriander
10 große Blätter Eisbergsalat
Reisessig

Für den Dip:
1-2 EL Tamarindenpaste
3-4 EL Tomatenketchup
100 ml Mayonnaise, Rezept siehe Seite 194

Zubereiten

1. Putenfilet klein schneiden, mit der Sahne pürieren, mit Sambal oelek und Salz würzen.
2. Zucchini in feine Streifen schneiden, 2-3 Minuten in einer Pfanne in Sonnenblumenöl anbraten und mit einem Schuss Sojasauce ablöschen. Die Möhre schälen, in feine Streifen schneiden, ebenfalls kurz anbraten und mit 1 TL Agavendicksaftsaft und etwas Salz abschmecken. Die Stiele der Shiitake-Pilze entfernen, in Streifen schneiden und kurz anbraten. Sojakeimlinge waschen, trocken schleudern, in Sonnenblumenöl scharf anbraten und mit einem 1 EL Sojasauce abschmecken. Das angebratene Gemüse abkühlen lassen.
3. Die Wontonblätter bei 80° im Backofen antauen, 4 Blätter abziehen und auf eine Arbeitsplatte so auslegen, dass sich je 2 Blätter in der Mitte überlappen. Die restlichen Wontonblätter sofort wieder einfrieren. Die Wontonblätter zunächst mit dem pürierten Putenfilet bestreichen, das gebratene Gemüse darauf verteilen, sodass die eingerollte Füllung einen Durchmesser von 2 cm hat. Die Ränder der Wontonblätter mit Wasser bestreichen und fest einrollen.
4. Den Eisbergsalat putzen, waschen, trocken schleudern und in Blätter von ca. 10x10 cm schneiden. Die Blätter mit mildem Reisessig besprühen und auf einer großen Platte auslegen.
5. Thai Basilikum und Koriander waschen, trocken schleudern und die Blättchen von den Stielen zupfen.
6. Für den Dip Tamarindenpaste und Tomatenketchup mit der Mayonnaise verrühren, mit Salz und Sambal oelek abschmecken.
7. Die Frühlingsrollen in einer Pfanne in Palmfett knusprig braten.

Anrichten

Die Frühlingsröllchen halbieren, jeweils ein Salatblatt mit Kräutern belegen und die Röllchen darin einwickeln. Den Dip dazureichen.

Glücksrollen

200 g Putenbruststreifen
Olivenöl
6 Reisblätter
6 Salatblätter
1 Möhre
50 g Sojasprossen
je 1/2 Bund Koriander und Minze
1 TL Agavendicksaft
1 EL Reisessig

Für den Dip:
4 EL Reisessig
2 EL Agavendicksaft
1 EL Sojasauce
Sambal oelek

Zubereiten

1. Putenbrust in Streifen schneiden, 20 Minuten in Sojasauce mit etwas Sambal oelek marinieren, dann in Olivenöl anbraten.
2. Die Möhre schälen, in feine Streifen schneiden, blanchieren und abkühlen lassen.
3. Sprossen waschen, trocken schleudern und kurz anbraten. Salzen und abkühlen lassen. Die Salatblätter waschen und trocken schleudern.
4. Die Reisblätter 2 Minuten in lauwarmem Wasser einweichen und auf ein feuchtes Tuch legen. Mit den Salatblättern belegen und mit der Reisessig-Agavendicksaft-Mischung bepinseln.
5. Die Putenbruststreifen mit den Möhren, Sprossen und den Kräutern auf die Salatblätter legen. Die Reisblätter an den Seiten nach innen schlagen und zu einer Rolle wickeln.
6. Aus Reisessig, Agavendicksaft, Sojasauce und Sambal oelek einen Süßsauer-Dip rühren.

Anrichten

Die Glücksrollen in der Mitte durchschneiden und auf die Teller legen. Die Sauce zum Dippen in kleinen Schälchen servieren.

Pfifferlingstartar in Wonton auf Petersiliensauce

300 g Pfifferlinge
Olivenöl
50 ml Petersiliensauce, Rezept siehe Seite 195
220 g Putenfilet
2 EL Sahne
Salz
Cayennepfeffer
4 Wontonblätter, TK
2 EL Palmfett

Für die Sauce:
100 ml Petersiliensauce, Rezept siehe Seite 195
2 EL geschlagene Sahne
Salz
Cayennepfeffer

Zubereiten

1. Die Pfifferlinge putzen, 3/4 davon in kleine Würfel schneiden und in Olivenöl anbraten. Mit Salz abschmecken. Die Petersiliensauce etwas einkochen lassen. Das Putenfleisch ebenfalls in kleine Würfel schneiden, mit Salz und Cayennepfeffer würzen und mit den Pfifferlingen und der Petersiliensauce vermischen.
2. Die Wontonblätter im Backofen bei 80° antauen und je 2 Blätter in der Mitte überlappend auf ein feuchtes Tuch legen. Die Pfifferlingsfarce längs in der Mitte der Blätter platzieren. Die Ränder mit kaltem Wasser einpinseln, die Seiten einschlagen und aufrollen.
3. Die restlichen Pfifferlinge in Olivenöl anbraten, mit Sahne ablöschen, salzen und warm halten.
4. Für die Sauce die Petersiliensauce erwärmen, passieren und die Sahne vorsichtig unterheben, mit Salz und Cayennepfeffer abschmecken.
5. Die Röllchen in einer Pfanne in Palmfett rundherum knusprig braten.

Anrichten

Die Petersiliensauce auf die Teller gießen. Darauf die schräg aufgeschnitten Röllchen setzen und die Pfifferlinge darauf verteilen.

Asiatischer Salat mit Kokosvinaigrette

1 Bataviasalat
1 Landgurke
1/2 Bund Radieschen
1 Maishuhnbrust
Salz und Pfeffer
10 g Ingwer
100 ml Kokosmilch
1 EL Sojasauce
4 Stiele Minze
2 EL gesalzene Erdnüsse
Sonnenblumenöl

Für die Vinaigrette:
1 TL Agavensaft
2 EL Reisessig

6 Kapuzinerkresseblüten

Zubereiten

1. Salat putzen und waschen, Gurke schälen und der Länge nach halbieren. Kerne entfernen, in 5 mm dicke Scheiben schneiden und salzen. Radieschen in dünne Scheiben schneiden.
2. Die Maishuhnbrust in mundgerechte Stücke schneiden, salzen, pfeffern und in einer Pfanne in Sonnenblumenöl scharf anbraten. Hitze reduzieren, Sojasauce und 3 EL Kokosmilch dazugeben, mit Salz abschmecken und 5 Minuten ziehen lassen. Den Ingwer schälen, in dünne Scheiben schneiden, anbraten und zum Geflügel geben.
3. Für die Vinaigrette die restliche Kokosmilch kurz aufkochen, Reisessig und Agavensaft dazugeben, mit Salz abschmecken.

Anrichten

Die abgekühlte Vinaigrette mit dem Salat mischen, salzen, Gurken und Radieschen unterheben und mit den gezupften Minzeblättchen und Erdnüssen bestreuen. Die Maishuhnbrust und die Kapuzinerkresseblüten darauf verteilen.

Tagliatelle von der Gurke mit Sushi-Ingwer und Lachswürfeln

300 g Lachsfilet
1 EL Sushi-Ingwer, Rezept siehe Seite 195
3 EL Agavendicksaft
3 EL weißer Balsamico Essig
3 Landgurken, ca. 600 g

Olivenöl
grobes Meersalz
1 Tasse Korianderblätter
weißer Balsamico Essig
10 Kartoffelchips

Zubereiten

1. Lachsfilet in 2 cm große Würfel schneiden, mit grobem Meersalz bestreuen, in wenig Olivenöl wenden und ca. 1 Std. marinieren.
2. Gurken schälen, mit dem Sparschäler längs in Tagliatelle schneiden und diese in einem Tuch ausdrücken. Die Sushi-Ingwerscheiben mit den Gurken mischen, mit Salz abschmecken.
3. Aus Balsamico Essig und Agavendicksaft eine leichte Marinade rühren. Die Kartoffelchips grob zerstoßen.

Anrichten

Die Teller mit den Korianderblättern belegen, mit Balsamico Essig besprühen. Einen Metallring (Durchmesser 10 cm) auf die Korianderblätter setzen, diesen mit der Hälfte der Gurkenstreifen füllen, die Lachswürfel darauf schichten und mit den restlichen Gurkenstreifen abdecken. Den Ring vorsichtig entfernen und beim zweiten Teller genauso verfahren.
Die Gurke mit der Marinade beträufeln. Die Kartoffelchips um die Gurken streuen.

Gartensalat mit Lachsscheiben

1 Bataviasalat
20 g junger Spinat
Blüten und Blätter der Kapuzinerkresse
2 Stiele Koriander oder Thai Basilikum

Für die Vinaigrette:
1 EL weißer Balasmico Essig
3 EL Olivenöl
1 EL Agavendicksaft
Salz
2 EL Sprudel oder Sekt

4 Scheiben roher Lachs, dünn geschnitten
Meersalz

2 Bio-Eier, Olivenöl, 2 EL Butter

Zubereiten

1. Den Salat und den Spinat putzen und waschen, in kleine Stücke zupfen und trocken schleudern. Die Kräuter zupfen oder in Streifen schneiden und mit dem Salat mischen.
2. Die Zutaten für die Vinaigrette mit dem Schneebesen aufschlagen, mit dem Kräutersalat mischen.
3. Die Lachsscheiben mit Meersalz würzen.
4. Eine Pfanne mit Öl auspinseln, die Spiegeleier bei niedriger Temperatur garen. Die Butter in einem Stieltopf bräunen lassen.

Anrichten

Den Salat ringförmig auf den Tellern verteilen. Die Eier jeweils in die Mitte der Teller geben, halb mit je 2 Scheiben Lachs bedecken, mit der braunen Butter beträufeln und mit Kapuzinerkresseblüten dekorieren.

2 Gemüse und Salate

Kohlrabi-Carpaccio

1 Kohlrabi
2 Orangen
3 Stiele Minze

Vinaigrette:
1 EL Pernod
2 EL weißer Balsamico Essig
3 EL Olivenöl
2 EL Orangensaft
1 TL Honig
1 TL Senf, mittelscharf
Salz

Zubereiten

1. Den Kohlrabi schälen, in 1-2 mm dünne Scheiben schneiden.
2. Für die Vinaigrette alle Zutaten in ein Schraubglas geben und kräftig schütteln. Die Teller mit der Vinaigrette bepinseln, einen Teil der Minzeblättchen auf die Teller geben und darüber die Kohlrabischeiben legen. Die Kohlrabi mit etwas Vinaigrette beträufeln und 30 Minuten ziehen lassen.
3. Die Orangen schälen, filetieren und zu den Kohlrabischeiben geben. Die restlichen Minzeblättchen darüberstreuen.

Lardo auf pochiertem Ei mit Linsensalat

50 g Belugalinsen
100 g Zuckerschoten
1 TL Ahornsirup
1 EL Olivenöl
2 Eier
4 Scheiben Lardo (italienischer Speck)
2 Stiele Thai Basilikum

Für die Vinaigrette:
2 EL Weißweinessig
4 EL Olivenöl
Salz
1 TL Ahornsirup
1 Schuss Mineralwasser

Zubereiten

1. Die Linsen al dente garen, zum Schluss salzen, abgießen, dabei etwas Linsenwasser auffangen.
2. Aus den angegebenen Zutaten mit dem Linsenwasser eine Vinaigrette rühren und die Linsen 15 Minuten darin marinieren.
3. Die Zuckerschoten putzen und in Salzwasser blanchieren, abschrecken, anschließend in einer Pfanne in Olivenöl 3 Minuten garen, mit Ahornsirup und Salz würzen.
4. Eine Pfanne mit Öl auspinseln, die Spiegeleier bei niedriger Temperatur garen. Das Eiweiß ausstechen und anderweitig verwenden.

Anrichten

Die Zuckerschoten auf die Teller geben, in die Mitte das Eigelb setzen und mit dem Lardo belegen. Daneben die Linsen verteilen und mit etwas Vinaigrette beträufeln. Mit Thai Basilikumblättern dekorieren.

Sashimi von der Mainzer Fleischwurst

6 Gewürzgürkchen
200 g Fleischwurst vom Ring
6 Radieschen

Für die Vinaigrette:
1 EL Weißweinessig
4 EL Olivenöl
1/2 TL Zucker
2 EL körniger Senf
1 Schuss Sekt

1 EL glatte Petersilie, fein geschnitten

Zubereiten
1. Die Gewürzgürkchen würfeln.
2. Die Pelle der Fleischwurst abziehen, dann die Wurst in 2 mm dicke Scheiben schneiden. Die Radieschen fein hobeln und zur Fleischwurst geben.
3. Die Vinaigrette mixen und die gewürfelten Gürkchen dazugeben.

Anrichten
Die Fleischwurstscheiben mit den Radieschen auf die Teller verteilen, mit der Vinaigrette beträufeln, mit Petersilie und Gurkenwürfeln bestreuen.

Grüner Spargel auf italienischem Landbrot

8 Stangen grüner Spargel
4 Scheiben italienisches Landbrot
2 EL Oliventapenade, Rezept siehe Seite 194
3 getrocknete Tomaten
4 Tomaten
3 Stiele Minze
1 EL Olivenöl, Salz
1 EL Agavendicksaft
1 EL weißer Balsamico Essig

Zubereiten
1. Den Spargel im unteren Drittel schälen und in Salzwasser 5 Minuten garen.
2. Die Brotscheiben toasten und mit der Oliventapenade bestreichen.
3. Die getrockneten Tomaten in Streifen schneiden, die frischen Tomaten entkernen und in 1/2 cm große Würfel schneiden, dabei den Tomatensaft auffangen, mit Essig, Olivenöl, Salz und Agavendicksaft zu einer Vinaigrette verrühren. Die Tomaten kurz darin marinieren und mit der in Streifen geschnittenen Minze vermischen.

Anrichten
Die Brotscheiben mit dem Spargel belegen und die Tomaten darübergeben.

Steinpilze mit Langostinos und konfierten Kartoffeln

2 mittelgroße Kartoffeln
200-300 ml Olivenöl
50 g Steinpilzabschnitte
50 ml Olivenöl
6 Langostinos
4 Steinpilze

50 g Blattsalat
Olivenöl
weißer Balsamico Essig
Salz

Zubereiten

1. Die Kartoffeln waschen und in Olivenöl bei 80° ca. 30 Minuten konfieren, d.h. die Kartoffeln müssen mit Olivenöl ganz bedeckt sein.
2. Die Kartoffeln aus dem Öl nehmen, pellen, in 1 cm dicke Scheiben schneiden und warm halten. Das Öl passieren und anderweitig verwenden.
3. Die Steinpilzabschnitte putzen und in Olivenöl bei 80° 15 Minuten konfieren. Konfierte Pilze halten sich in Öl wochenlang im Kühlschrank.
4. Die Langostinos ausbrechen, den Darm entfernen, waschen und trocken tupfen. Über dem Rückgrat einschneiden und in Olivenöl in einer Pfanne 2 Minuten braten, salzen und warm halten.
5. Die ganzen Steinpilze mit einem Küchentuch vorsichtig abreiben, Stiele anschneiden und in 2 mm dicke Scheibe schneiden. In Olivenöl in einer Pfanne bei starker Hitze 1-2 Minuten braten und salzen.
6. Die Salatblätter waschen, trocken schleudern und mit weißem Balsamico Essig, Olivenöl und Salz anmachen.

Anrichten

Den Salat auf die Teller geben und mit den Langostinos belegen.
Die konfierten Kartoffelscheiben und die Steinpilze um den Salat verteilen. Das Steinpilzöl dazureichen.

Artischocken im Wontonblatt mit Oliven und Spinat

1 große Artischocke
8 Wontonblätter, TK
150 g Spinat
150 g Putenfleisch
50 ml Sahne
100 g Geflügelleber
30 g schwarze Oliven, entsteint und halbiert
20 g Pinienkerne
100 g Champignons

Für die Sauce:
1 EL Zucker
1 EL alter Balsamico Essig
3 Scheiben getrocknete Tomaten, in Streifen geschnitten
1 EL Thymianblättchen
100 ml Hühnerfond

Zubereitung

1. Die Artischocke putzen, die Blätter abziehen und das im Boden befindliche Heu entfernen. Den Artischockenboden in Würfel schneiden, scharf in Olivenöl anbraten, mit etwas Wasser ablöschen und bissfest garen; die Hälfte davon warm halten.
2. Die Wontonblätter bei 80° im Backofen antauen, 8 Blätter abziehen und je 2 auf einer Arbeitsplatte überlappend auslegen. Die restlichen Wontonblätter sofort wieder einfrieren.
Die geputzten und gewaschenen Spinatblätter in Olivenöl in einer Pfanne zerfallen lassen, salzen und abkühlen lassen.
3. Für die Füllung zunächst das Putenfleisch mit einer Prise Salz, Sahne und einem Eiswürfel pürieren, kaltstellen. Den Spinat auf die Wontonblätter legen, mit der Geflügelfarce bestreichen, darauf die abgekühlten Artischockenwürfel verteilen.
4. Die Pinienkerne in einer Pfanne ohne Fett anrösten. Die Champignons würfeln, anbraten, mit der angebratenen und in Würfel geschnittenen Geflügelleber, den Pinienkernen und Oliven mischen. Wenig salzen und auf den Artischocken verteilen. Die Ränder der Wontonblätter mit Wasser bepinseln, einschlagen und aufrollen. In Palmfett in einer Pfanne rundum knusprig braten.
5. Für die Sauce einen EL Zucker karamellisieren, mit etwas altem Balsamico Essig ablöschen und 100 ml Hühnerfond zugießen, die Thymianblättchen dazugeben, alles aufmixen und zum Schluss die Tomaten dazugeben.

Anrichten

Die Rollen in der Mitte durchschneiden, die warm gehaltenen Artischockenwürfel dazugeben und mit der Sauce umgießen.

Grüner Salat mit Artischocke und Trüffelvinaigrette

1 Salatkopf (Batavia oder Eichblatt)
200 g Enten- oder Putenleber
1 große Artischocke
Salz

Für die Vinaigrette:
1 TL Ahornsirup
2 EL weißer Balsamico Essig
3 EL Olivenöl
1 Schuss Sekt
Salz
1 EL Trüffelpaste

Zubereiten
1. Die Salatblätter waschen, trocken schleudern und in kleine Stücke schneiden.
2. Die Leber säubern und nicht zu scharf anbraten, salzen und in dünne Scheiben schneiden.
3. Die Artischocke putzen, die Blätter abziehen und das im Boden befindliche Heu entfernen, in dünne Scheiben schneiden und in einer Pfanne in Olivenöl kurz anbraten, leicht salzen.
4. Die Vinaigrette aufschlagen und die Hälfte mit dem grünen Salat vermischen.

Anrichten
Die Salatblätter im Wechsel mit Artischocken- und Leberscheiben schichten, dabei immer wieder mit der restlichen Vinaigrette beträufeln, sodass ein kleiner Turm entsteht.

Tipp
Das Anrichten erleichtert ein Metallring mit 10-12 cm Durchmesser.

2 Gemüse und Salate

3

Pasta, Risotto und Suppen

Bucatini mit Morcheln

50 g Parmesan
6 EL Sahne
15 g getrocknete Morcheln
1 EL Butter, 1 EL Sahne
200 g Bucatini, Salz
2 Eigelb von Bio-Eiern, Olivenöl

Zubereiten
1. Den Parmesan in kleine Stücke brechen und mit Wasser bedeckt ca. 12 Std einweichen. Den Käse abgießen und das Käsewasser auffangen. Das Käsewasser mit 3 EL Sahne auf 50 ml einkochen.
2. 5 Morcheln im Cutter pulverisieren. Die restlichen Morcheln 3 Std. in Wasser einweichen, dann abgießen und das Einweichwasser auffangen. Prüfen, ob die Morcheln noch sandig sind, sonst noch mal wässern. Die Morcheln in 1 cm große Stücke schneiden, in der Butter anbraten, leicht salzen und in dem Morchelwasser gar dünsten, abgießen, dabei den Sud auffangen und die Morcheln beiseite stellen.
3. Den Morchelsud mit dem Morchelpulver und 2 EL Sahne leicht einkochen, dann mit der Käsesahne verrühren. Die Morcheln unterheben. Die Sauce sollte dickflüssig sein; gegebenenfalls mit etwas dunklem Saucenbinder andicken.
4. Die Bucatini in Salzwasser al dente kochen, abgießen.
5. 2 kleine Schälchen mit Olivenöl auspinseln, je 1 Eigelb hineingleiten lassen, vorsichtig mit heißem Wasser übergießen und einige Minuten stehen lassen.

Anrichten
Einen Metallring (Durchmesser 10 cm) in einen tiefen Teller setzen, mit dem Morchelragout füllen und die Bucatini darauf verteilen. Das Wasser abgießen und das Eigelb auf je ein Nudelnest gleiten lassen.

Tipp
Statt Morcheln kann man auch getrocknete Trompetenpilze nehmen.

Nudelsalat mit Calamaretti und Dicken Bohnen

180 g Bandnudeln
250 g Dicke Bohnen, TK
10 Calamaretti
50 ml Tomatensauce, Rezept siehe Seite 195
1 Msp. Piment d'espelette
3 Zweige Thai Basilikum, 20 g Pinienkerne

Für die Vinaigrette:
2 Beutel Calamartinte à 4 g
2 EL Fischfond
3 EL Olivenöl
Salz
1 TL Agavendicksaft

Zubereiten

1. Die Nudeln in Salzwasser al dente kochen, abgießen und warm halten.
2. Die Bohnen in kochendes Salzwasser geben, 2 Minuten blanchieren und kalt abschrecken. Die Bohnen aus den Häutchen drücken und die Bohnenkerne warm halten.
3. Die Calamaretti putzen, dabei das Chitinstück und den Kopf mit Innereien aus den Tuben ziehen. Tuben längs halbieren und gut auswaschen. Armteile von Kopf und Mundwerkzeugen schneiden und waschen. Die Calamarettistücke auf Küchenkrepp gut trocknen, dann mit Olivenöl in eine feuerfeste Form geben und 2 Minuten unter den Grill schieben, nicht salzen. Die Tuben in breite Streifen schneiden und mit den Fangarmen zu den Bohnen geben.
4. Die Pinienkerne in einer Pfanne ohne Fett anrösten.
5. Tomatensauce kurz erhitzen und mit Salz und Piment d'espelette abschmecken.
6. Für die Vinaigrette den Fischfond kurz erhitzen und mit den anderen Zutaten aufmixen. Die Hälfte der Vinaigrette über die Nudeln geben und diese mit Bohnen und Calamaretti verrühren.

Anrichten

Die Nudel-Bohnen-Calamaretti-Mischung auf die Teller geben, mit den Pinienkernen bestreuen und mit der restlichen Vinaigrette umgießen. Mit der Tomatensauce beträufeln und mit Thai Basilikum dekorieren.

Tipp 1

Statt Dicker Bohnen schmecken auch Erbsen dazu.

Tipp 2

Die Beutel mit Calamartinte vor dem Öffnen einfrieren: So lässt sich die Tinte gut aus dem Beutel drücken. Am besten mit Haushaltshandschuhen arbeiten.

Lachs auf Tagliatelle mit Tomatenstreifen

150 g Tagliatelle
300 g Lachsfilet
3 Tomaten
3 Zweige Thai Basilikum
Olivenöl
Zucker
Salz, Cayennepfeffer
200 ml Fischsauce, Rezept siehe Seite 195

Zubereiten

1. Die Tagliatelle in Salzwasser gar kochen, abschrecken und in Olivenöl schwenken, warm halten.
2. Die Tomaten entkernen, in Streifen schneiden und in einer Pfanne mit 1 EL Olivenöl kurz erwärmen, salzen und mit Zucker abschmecken.
3. Das Lachsfilet bei mittlerer Temperatur in einer Pfanne in Olivenöl beidseitig anbraten, salzen und ca. 5 Minuten bei niedriger Temperatur weiter garen, dann in mundgerechte Stücke schneiden.
4. Die Fischsauce erwärmen und mit Salz und Cayennepfeffer abschmecken.

Anrichten

Die Tagliatelle in tiefe Teller geben. Das Lachsfilet und die Tomaten auf den Nudeln verteilen. Die Fischsauce mit dem Mixstab aufschäumen, darübergießen und mit Basilikumblättchen bestreuen.

Aprikosenravioli mit Pfifferlingen

2 EL Thymianblättchen, Olivenöl
7 Aprikosen, 10 Mandeln
1-2 EL Puderzucker
5 Lasagneblätter
200 ml Hühnerfond
100 g Pfifferlinge

5 Scheiben Rauchfleisch
Olivenöl
10 Salbeiblätter
6 Gambas
Olivenöl
1 EL Cointreau

Zubereiten

1. Eine feuerfeste Form mit Olivenöl auspinseln und mit den Thymianblättchen ausstreuen. Die Aprikosen halbieren, entkernen und in die Form legen, mit Puderzucker bestäuben und im Backofen bei 200° 10-12 Minuten garen.
2. Die Lasagneblätter halbieren, in reichlich kochendem Salzwasser al dente garen, abschrecken, gut abtropfen lassen und bis zum Gebrauch in feuchte Tücher legen. 4 gegarte Aprikosenhälften warm halten, die restlichen Aprikosen mit der Hautseite nach unten auf die Nudelplatten legen und eine Mandel dazu geben. Die Lasagneblätter zusammenklappen, an den Seiten fest andrücken, rund ausstechen und in eine feuerfeste Form legen, mit Hühnerfond begießen und ca. 10 Minuten bei 150° im Backofen erwärmen.
3. Pfifferlinge putzen, Rauchfleisch in 1 cm breite Streifen schneiden und beides in Olivenöl in einer Pfanne anbraten. Die Pfifferlinge leicht salzen.
4. Die Gambas ausbrechen, Darm entfernen, waschen und trocken tupfen. Mit einem Messer längs aufschneiden und in Olivenöl in einer Pfanne 2 Minuten braten, salzen.
5. Die Salbeiblätter in etwas Olivenöl 1 Minute braten.
6. Aus den 4 Aprikosenhälften ein Püree mixen und mit Cointreau abschmecken.

Anrichten

Die Ravioli auf die Teller legen, die Pfifferlinge und die Rauchfleischstreifen daneben arrangieren, das Püree dazugeben und mit den Salbeiblättern bestreuen. Die Gambas auf den Tellern verteilen.

Mangoldsuppe mit Trüffelsahne

400-500 g Mangold
1/2 l kräftige Fleischbrühe
50 ml Sahne
1 Prise Muskat
1 EL Olivenöl
2 Lasagneblätter
2 Eier
1 EL Olivenöl

Für die Trüffelsahne:
1 EL Sahne
1 TL Trüffelpaste

Zubereiten

1. Den Mangold waschen und die Stiele von den Blättern abschneiden und anderweitig verwenden. Ein Mangoldblatt für die Dekoration aufheben. Die restlichen Mangoldblätter klein schneiden, in einem EL Olivenöl andünsten, mit der Brühe aufgießen, ca. 10 Minuten köcheln lassen und mit der Sahne verfeinern. Pürieren, mit Salz und Muskat würzen und warm halten.
2. Die Lasagneblätter halbieren, in reichlich kochendem Salzwasser al dente garen, abschrecken, gut abtropfen lassen und bis zum Gebrauch in feuchte Tücher legen.
3. Für die lauwarmen Eier 2 kleine Schälchen mit Olivenöl auspinseln, das Eigelb hineingleiten lassen, vorsichtig mit heißem Wasser übergießen und 5 Minuten stehen lassen.
4. Die Sahne mit der Trüffelpaste verrühren.

Anrichten

Die Nudeln wie ein Nest in einen tiefen Teller setzen und die Mangoldsuppe darübergießen. Das Wasser abgießen und das Eigelb vorsichtig auf das Lasagneblatt setzen, die Trüffelsahne darüberträufeln. Das Mangoldblatt in Streifen schneiden und auf der Suppe verteilen.

Kichererbsensuppe mit Langostinos und Lardo

100 g Kichererbsen
je 1 Zweig Rosmarin und Thymian
1 TL Rosmarinnadeln, fein geschnitten
100 ml Hühnerfond
8 Langostinos
8 Scheiben Lardo, dünn geschnitten
Salz, schwarzer Pfeffer aus der Mühle
2 EL Tomatensauce, Rezept siehe Seite 195

Zubereiten

1. Kichererbsen über Nacht in Wasser einweichen.
2. Die Kichererbsen mit dem Einweichwasser und dem Rosmarinzweig ca. 45 Minuten garen, sie sollten noch Biss haben, dann abgießen, dabei eine Tasse Brühe auffangen. Die Hälfte der Kichererbsen beiseitestellen, den Rest in der restlichen Brühe weich kochen, darin pürieren und passieren. Den aufgekochten Hühnerfond dazugeben und köcheln lassen bis eine sämige Suppe entsteht, mit Salz und Pfeffer abschmecken.
3. Die ganzen Kichererbsen salzen und zur Suppe geben.
4. Die Langostinos waschen, ausbrechen und den Darm entfernen. In Olivenöl 2 Minuten anbraten, salzen und in den Lardo wickeln.
5. Die Tomatensauce erwärmen, mit Salz abschmecken.

Anrichten

Die Suppe in tiefe Teller gießen, die Lardo-Langostinos in die Suppe geben. Mit fein geschnittenen Rosmarinnadeln bestreuen und die Tomatensauce auf der Suppe verteilen.

Thai Kokossuppe

10 g Ingwer
Sonnenblumenöl
6 Kaffirlimonenblätter
250 g Putenfleisch
3 EL Sojasauce
125 g Shiitake-Pilze
1/2 Kohlrabi

100 g Sojasprossen
400 ml Kokosmilch
1 Msp. Sambal oelek
1 EL Fischsauce
1/2 Bund Koriander, gezupft

Zubereiten
1. Den Ingwer schälen, in dünne Scheiben schneiden und in Sonnenblumenöl anbraten. 700 ml Wasser mit den Kaffirlimonenblätter aufkochen und 15 Minuten ziehen lassen, die Blätter entfernen.
2. Das Putenfleisch in dünne Streifen schneiden und 30 Minuten in 2 EL Sojasauce marinieren.
3. Die Stiele von den Pilzen entfernen, die Köpfe vierteln und in Sonnenblumenöl anbraten, mit 2 EL Wasser ablöschen und kurz ziehen lassen, die restliche Sojasauce dazugeben. Das Putenfleisch scharf anbraten und beiseite stellen; es sollte noch ein wenig roh sein.
4. Den Kohlrabi schälen und in dünne Stifte schneiden. In Salzwasser blanchieren, abgießen und warm halten. Die Sojasprossen waschen, im Tuch trocknen und in einer Pfanne in Sonnenblumenöl 2 Minuten braten, warm halten.
5. 300 ml des Suds der Kaffirlimonenblätter zu der Kokosmilch geben, etwas einkochen lassen, dann das Putenfleisch, Kohlrabi und Sojasprossen dazu geben, mit Sambal oelek, Fischsauce und Sojasauce abschmecken.

Anrichten
Die Suppe in tiefe Teller füllen, mit Korianderblättchen bestreuen.

Majoransud mit pochierten Wachtelkeulen

8 Wachtelkeulen
Salz, Olivenöl
250 ml Geflügelfond
1/2 Bund Majoran
50 ml Sahne
Salz, weißer Pfeffer
1 Kohlrabi
1 Möhre
1/2 TL Agavensaft

Zubereiten
1. Die Wachtelkeulen salzen und in Olivenöl in einer Pfanne anbraten.
2. Den Geflügelfond aufkochen, die Hitze reduzieren und die Wachtelkeulen hineingeben. Bei kleiner Flamme 5-8 Minuten ziehen lassen. Die Wachtelkeulen warm stellen.
3. Den Kohlrabi schälen, in 4 mm dicke Stifte schneiden und in Salzwasser 3 Minuten blanchieren. Die Möhre schälen, in dünne Scheiben schneiden und in einer Pfanne in Olivenöl andünsten, mit Agavensaft und Salz würzen. 1/2 Tasse Wasser angießen und 5 Minuten garen.
4. Majoranblätter abzupfen, einen EL beiseitelegen, die restlichen Majoranblättchen in den Sud geben, mit dem Stabmixer pürieren, die Sahne hinzufügen und mit Salz und Pfeffer abschmecken.

Anrichten
Das Gemüse mit den Wachtelkeulen in einen tiefen Teller geben und mit dem Majoransud übergießen. Mit Majoranblättchen dekorieren.

Schwarzer Risotto mit Calamaretti

130 g Risottoreis
280 ml Fischfond
Salz
70 ml Weißwein
30 ml Olivenöl
2 Beutel Calamartinte à 4 g
8 Calamaretti
2 Stiele Thai Basilikum

Für die Sauce:
3 Beutel Calamartinte à 4 g
250 ml Fischfond
4 EL Sahne

Zubereiten

1. Für den Risotto Olivenöl in einem breiten Topf erwärmen, den Reis hinzufügen und anschwitzen. Mit Weißwein ablöschen, nach und nach den heißen Fischfond mit 2 Beuteln Calamartinte angießen, immer soviel, dass der Reis knapp bedeckt ist. Bei geringer Hitze garen, dabei ab und zu umrühren, bis der Risotto von cremiger Konsistenz ist, die Reiskörner aber noch Biss haben (ca. 20 Minuten).
2. Die Calamaretti putzen, dabei das Chitinstück und den Kopf mit Innereien aus den Tuben ziehen. Tuben längs halbieren und gut auswaschen. Armteile von Kopf und Mundwerkzeugen abschneiden und waschen. Die Calamarettistücke auf Küchenkrepp gut trocknen. Eine feuerfeste Form mit Olivenöl auspinseln, die Tentakel und Tuben 2 Minuten unter den Grill schieben, warm halten, nicht salzen.
3. Für die Sauce den Fischfond auf 100 ml einkochen, 3 Beutel der Calamartinte dazugeben, mit der Sahne kurz erwärmen und mit Salz abschmecken.

Anrichten

Den Risotto in tiefe Teller geben, mit der Sauce umgießen und mit den Calamaretti umlegen, mit Thai Basilikum bestreuen.

Tipp

Die Beutel mit Calamartinte vor dem Öffnen einfrieren: So lässt sich die Tinte gut aus dem Beutel drücken. Am besten mit Haushaltshandschuhen arbeiten.

Tomaten-Kokosrisotto mit Gambas

130 g Risottoreis
Olivenöl
50 ml Weißwein
150 ml Hühnerfond
100 ml Kokosmilch
100 ml Tomatensauce, Rezept siehe Seite 195

1 Msp. Sambal oelek
Salz

8 Gambas
Olivenöl
2 Zweige Koriander

Zubereiten

1. Für den Risotto Olivenöl in einem breiten Topf erwärmen, den Reis hinzufügen und anschwitzen. Mit Weißwein ablöschen, nach und nach die heiße Hühnerbrühe angießen, immer soviel, dass der Reis knapp bedeckt ist. Bei geringer Hitze garen, dabei ab und zu umrühren, bis der Risotto von cremiger Konsistenz ist, die Reiskörner aber noch Biss haben (ca. 20 Minuten). Die Hälfte der Tomatensauce zu dem Risotto geben und 5 Minuten bei schwacher Hitze garen lassen. Nach und nach 50 ml Kokosmilch unterrühren.
2. Restliche Tomatensauce und Kokosmilch kurz aufkochen, mit Sambal oelek und Salz abschmecken.
3. Die Gambas ausbrechen, Darm entfernen, waschen, längs einschneiden, in einer Pfanne in Olivenöl auf beiden Seiten je 1 Minute braten und salzen. 1 EL der Sauce zu den Gambas geben.

Anrichten

Den Risotto in tiefe Teller füllen. Die Sauce mit dem Stabmixer aufschäumen und um das Risotto gießen, die Gambas darauf verteilen, mit Korianderblättern bestreuen.

4

Meeresfrüchte

Calamaretti mit Mangosalat und Wasabi-Mayonnaise

1 Mango
10 Calamaretti
3 EL Nuoc Mam (vietnamesische Fischsauce)
4 Stiele Koriander, 1 Stängel Thai Basilikum
1 cm Ingwer, geschält

Für die Wasabi-Mayonnaise:
50 ml Sahne
1 1/2 EL Wasabipaste
100 ml Mayonnaise, Rezept siehe Seite 198

Zubereiten

1. Mango schälen, in 1/2 cm dicke Scheiben schneiden, mit Nuoc Mam, klein geschnittenen Korianderblättern und geriebenem Ingwer 30 Minuten marinieren.
2. Für die Wasabi-Mayonnaise die Sahne steif schlagen und mit der Wasabipaste verrühren. Vorsichtig unter die Mayonnaise heben.
3. Die Calamaretti putzen, dabei das Chitinstück und den Kopf mit Innereien aus den Tuben ziehen. Tuben längs halbieren und gut auswaschen, in Scheiben schneiden. Armteile von Kopf und Mundwerkzeugen schneiden und waschen. Die Calamarettistücke auf Küchenkrepp gut trocknen und dann 2 Minuten unter den Grill schieben, nicht salzen.

Anrichten

Die Mayonnaise auf die Teller geben, den Mangosalat und die Calamaretti darauf verteilen, mit Koriander und Thai Basilikum bestreuen.

Jakobsmuscheln auf Kartoffeltörtchen

500 g Kartoffeln
Muskat
3 EL Olivenöl

Für die Sauce:
100 ml Fischfond
2 EL Sahne

6 Jakobsmuscheln
2 TL Forellenkaviar

Zubereiten
1 Die Kartoffeln in Salzwasser gar kochen, abgießen, das Kartoffelwasser auffangen und beiseite stellen; die Kartoffeln stampfen, 2 EL der Kartoffelmasse für die Sauce aufheben.
2 Olivenöl und etwas Kartoffelwasser zum Stampf hinzufügen, mit Muskat und Salz abschmecken.
3 Den Fischfond mit dem restlichen Kartoffelstampf und etwas Kartoffelwasser zu einer sämigen Sauce mixen. Mit Salz und Sahne abschmecken.
4 Die Kartoffelmasse auf einem mit Alufolie belegten Blech in 2 Metallringe setzen (Durchmesser 10 cm). Jede Jakobsmuschel in 1/2 cm dicke Scheiben schneiden, die Törtchen damit belegen und mit Meersalz bestreut für 2 Minuten unter den Grill schieben.

Anrichten
Kartoffeltörtchen auf vorgewärmte Teller setzen, Ring entfernen und mit der Sauce umgießen. Den Kaviar auf jedes Törtchen setzen.

Tipp
Die Jakobsmuscheln müssen roh auf die Törtchen gelegt werden.

Pulpo auf Kartoffelscheiben

1,5 kg Pulpo
Salz

4 mittelgroße Kartoffeln
Olivenöl
Meersalz
2 EL Pinienkerne

Für die Petersiliensahne:
100 ml Petersiliensauce, Rezept siehe Seite 195
1 Prise Muskat, Salz
2 EL Sahne

Zubereiten

1. Den Pulpo waschen, säubern, die Tentakel einzeln vom Kopf abtrennen und diesen in kochendes Salzwasser geben. Ca. 60 Minuten leise köchelnd weich garen. Den Pulpo herausnehmen, eine Tasse Fond aufheben.
2. 4 Tentakel in 1 cm dicke Scheiben schräg aufschneiden, kurz in Olivenöl anbraten und warm halten.
3. Den restlichen Pulpo für ein anderes Gericht verwenden, z.B. Salat mit Pulpo, siehe Seite 34.
4. Die Kartoffeln schälen, in 5 mm dicke Scheiben schneiden und in einer Pfanne in Olivenöl stark anbraten. Die Kartoffeln salzen, Hitze reduzieren, den Pulpokochsud hinzufügen und garen.
5. Die Pinienkerne in einer Pfanne ohne Fett 2 Minuten anrösten.
6. Die Petersiliensauce erwärmen, die Sahne zugeben, mit dem Mixstab aufschäumen und mit Salz und Muskat abschmecken.

Anrichten

Die Kartoffelscheiben auf die Teller legen, die Pulposcheiben daraufverteilen und mit Meersalz bestreuen. Mit der Petersiliensauce die Kartoffeln umgießen, die Pinienkerne darüberstreuen.

Tipp

Gegarter Pulpo lässt sich hervorragend einfrieren.

Erbsenstampf mit Gambas

200 g Erbsen, TK
100 g Zuckerschoten
100 ml Sahne
Salz

Für die Sauce:
2 kleine Kartoffeln
100 ml Krustentierfond, Rezept siehe Seite 194
3 EL Noilly Prat
2 EL Sekt
1 Msp. Sambal oelek

6 Gambas

Zubereiten

1. Die Erbsen in Salzwasser 2 Minuten blanchieren und mit kaltem Wasser abschrecken. Mit 50 ml Sahne erwärmen, salzen und leicht zerdrücken, warm stellen. Die Zuckerschoten putzen, 3 Minuten in Salzwasser blanchieren, abgießen und warm halten. Die Kartoffeln schälen, in Würfel schneiden, in Salzwasser gar kochen und stampfen.
2. Noilly Prat einkochen, mit dem Krustentierfond und der restlichen Sahne auffüllen und zusammen mit der Kartoffelmasse pürieren, mit Sambal oelek und Sekt abschmecken.
3. Die Gambas ausbrechen, den Darm entfernen, waschen und der Länge nach einschneiden, in einer Pfanne in Olivenöl 2 Minuten braten und leicht salzen.

Anrichten

Je einen Metallring (Durchmesser 10 cm) in die Mitte der Teller setzen und mit dem Erbsenstampf füllen. Die Zuckerschoten um den Ring verteilen, den Ring entfernen und die Gambas auf die Erbsen legen. Die Krustentiersauce zu den Zuckerschoten geben.

Gambastartar mit Petersilienschaum

10 Gambas
1/2 Bio-Limone
Meersalz

2 Eigelb
Olivenöl
2 EL Weißbrotbrösel
20 g Butter

Für den Petersilienschaum:
1/2 Bund glatte Petersilie
3 EL Olivenöl
2 EL Sahne
Salz

Zubereiten

1 Die Gambas ausbrechen, den Darm entfernen, waschen und in kleine Würfel schneiden. In Limonensaft, abgeriebener Limonenschale und etwas Meersalz marinieren.
2 Für den Petersilienschaum die Petersilie waschen, die Blätter abzupfen und in kochendem Wasser 3 Minuten blanchieren, abgießen, dabei eine 1/2 Tasse Blanchierwasser aufheben; die Petersilie mit kaltem Wasser abschrecken und ausdrücken. Anschließend mit dem Blanchierwasser, Olivenöl, Sahne und etwas Salz im Mixer fein pürieren, gegebenenfalls passieren.
3 Kleine Tassen mit Olivenöl auspinseln, je ein Eigelb in eine Tasse geben, mit heißem Wasser übergießen und 5 Minuten ziehen lassen.
4 Die Brotbrösel in Butter goldbraun rösten.

Anrichten

Je einen Metallring (Durchmesser 10 cm) auf die Teller setzen und mit dem Gambastartar füllen. Das Wasser abschütten, die Eigelb auf das Tartar setzen und die Brösel darüber streuen. Den aufgeschäumten Petersilienschaum um das Tartar gießen.

Calamaretti mit schwarzem Sprossensalat

10 Calamaretti
Olivenöl
100 g Rauchfleisch, gewürfelt
200 g Sojasprossen

Für die Vinaigrette:
2 Beutel Calamartinte à 4 g
1-2 EL weißer Balsamico Essig
1 EL Olivenöl
Zucker

Zubereiten
1. Die Calamaretti putzen, dabei das Chitinstück und den Kopf mit Innereien aus den Tuben ziehen. Tuben längs halbieren, gut auswaschen und auf Küchenkrepp gut trocknen, die Tentakel anderweitig verwerten.
2. Eine feuerfeste Form mit Olivenöl auspinseln und die Calamarettituben für 2 Minuten unter den Grill schieben, nicht salzen. Die Tuben in 1 cm breite Streifen schneiden.
3. Das Rauchfleisch in einer Pfanne kross anbraten.
4. Die Sprossen waschen, scharf anbraten, salzen und warmhalten.
5. Alle Zutaten für die Vinaigrette verrühren und mit etwas Zucker abschmecken.

Anrichten
Über den gesamten Teller mit einem Pinsel einen breiten Streifen mit der Vinaigrette streichen. Die Sprossen auf den Tellern verteilen, darüber die Rauchfleischwürfel und die Calamarettistreifen legen, mit der Vinaigrette beträufeln.

Tipp
Die Beutel mit Calamartinte vor dem Öffnen einfrieren: So lässt sich die Tinte gut aus dem Beutel drücken. Am besten mit Haushaltshandschuhen arbeiten.

Gratinierte Meeresfrüchte

3 Lasagneblätter

4 Jakobsmuscheln ohne Schale und Rogen
8 Langostinos
Olivenöl
2 Bio-Orangen
2 EL Brotkrumen
4 EL Erdnüsse
30 g Butter

Für die Sauce:
100 ml Kokosmilch
1 TL Kurkuma, gemahlen
1 TL Anissamen
Salz
10 Safranfäden

2 Stängel Minze

Zubereiten
1. Die Lasagneblätter halbieren, in reichlich kochendem Salzwasser al dente garen, abschrecken und gut abtropfen lassen. Lasagneblätter bis zum Gebrauch in feuchte Tücher legen.
2. Die Jakobsmuscheln kurz scharf in Olivenöl anbraten, grob würfeln. Die Langostinos ausbrechen, den Darm entfernen, in Würfel schneiden und kurz in Olivenöl anbraten. Mit einem Zestenreißer die Zesten der Orangen abziehen, eine Hälfte davon mit den Jakobsmuscheln und den Langostinos mischen.
3. Eine Orange auspressen, den Saft auf die Hälfte einkochen, die Hälfte mit den Safranfäden mischen und zu den Meeresfrüchten geben, salzen und umrühren.
4. Aus Brotkrumen und klein gehackten Erdnüssen mit Butter und den restlichen Orangenzesten eine Paste kneten. In zwei Portionen teilen und flach drücken wie ein Küchlein.
5. Das Ragout auf einem mit Backpapier ausgelegtem Blech in zwei Ringe (Durchmesser 10 m) verteilen, die Küchlein darauflegen, fest andrücken und unter dem Grill gratinieren.
6. Kurkuma in Olivenöl in einem Topf kurz anrösten, mit dem restlichen Orangensaft aufgießen, Kokosmilch und Anissamen dazugeben, 2 Minuten köcheln lassen und mit dem Mixstab aufschäumen. Die 2. Orange schälen und filetieren.

Anrichten
Auf den Teller die Lasagneblätter so arrangieren, dass man in die Mitte die Ringe mit den Meeresfrüchten setzen kann. Die Sauce um das Ragout gießen, die Ringe abziehen und mit den Orangenfilets und Minzeblättchen garnieren.

Gambas mit Kokos-Cappuccino

12 Gambas
60 g Weißbrotwürfel
5 Stiele Koriander, klein geschnitten
Salz
50 ml Mayonnaise, Rezept siehe Seite 194
100 g Zuckerschoten
1/2 TL Agavendicksaft
Olivenöl

Für den Kokos-Cappuccino:
100 ml Kokosmilch
3 EL Krustentierfond, Rezept siehe Seite 198
1/2 TL gelbe Currypaste

Zubereiten
1. Die Gambas ausbrechen, den Darm entfernen, waschen, 3 Minuten braten, in 1/2 cm dicke Scheiben schneiden und salzen.
2. Die Brotwürfel im warmen Wasser 20 Minuten lang einweichen, ausdrücken, salzen und abkühlen lassen.
3. Die Zuckerschoten putzen, waschen und in einer Pfanne in Olivenöl anbraten, Salz, Agavendicksaft und eine 1/2 Tasse Wasser hinzufügen und 5 Minuten dünsten.
4. Die Kokosmilch aufkochen, Krustentierfond und Curry hinzufügen und mit Salz abschmecken. Warm halten.
5. Die Brotwürfel mit den Gambas, dem Koriander und 30 ml Mayonnaise mischen.

Anrichten
Den Kokos-Cappuccino mit einem Milchaufschäumer aufschäumen und in hohe Gläschen füllen. Die Gambas-Mischung auf Teller setzen, mit den Zuckerschoten umlegen, mit der restlichen Mayonnaise beträufeln.

Langostinos mit geriebener Gurke

100 ml Fischfond
50 ml Sahne
100 g Rauchfleisch
20 ml Noilly Prat

4 Landgurken, ca. 800 g
1 Bio-Limone
3 EL weißer Balsamico Essig
2 EL Agavendicksaft, Salz

6 Langostinos

Zubereiten
1. Den Fischfond auf die Hälfte reduzieren, die Sahne zugeben und nochmals etwas einkochen lassen.
2. Das Rauchfleisch würfeln, in einer Pfanne anbraten und zu der Sahnesauce geben. Ca. 20 Minuten ziehen lassen, passieren und Noilly Prat dazugeben.
3. Die Gurken schälen, längs halbieren und mit einem Löffel entkernen. Grob reiben, salzen und in einem Tuch auspressen. Den Limonenabrieb zum Anrichten beiseite stellen, die Limone auspressen und die Hälfte des Saftes zu den Gurken geben.
4. Essig und Agavendicksaft zu einem Sirup einkochen.
5. Die Langostinos ausbrechen, den Darm entfernen, waschen und trocken tupfen. Mit einem Messer die Langostinos längs einschneiden und in der Pfanne beidseitig 2 Minuten braten, leicht salzen.

Anrichten
Auf die Teller die geriebenen Gurken häufeln, den restlichen Limonenabrieb darübergeben und mit dem Sirup übergießen. Die Langostinos auf die Gurken setzen und alles mit der Sahnesauce umgießen.

4 Meeresfrüchte

5 | Fisch

Carpaccio vom Wolfsbarsch

300 g Wolfsbarschfilet

Für die Sauce:
1 kleine Orange, 1/2 Apfel
Olivenöl, 50 ml Portwein
1 EL gelbe Currypaste, 1 TL Zucker
100 ml Hühnerbrühe
Salz, Pfeffer aus der Mühle

2 Kiwis, 1 TL Agavendicksaft, 1 Limone
Meersalz

Zubereiten

1. Die Wolfsbarschfilets 30 Minuten anfrosten, auf die Hautseite legen und als Carpaccio schneiden.
2. Für die Currycreme Apfel und Orange schälen und in kleine Würfel schneiden. In Olivenöl andünsten und mit Portwein ablöschen. Currypaste und Zucker dazugeben, salzen, mit der Brühe auffüllen und ca. 10 Minuten köcheln lassen. Pürieren, dann passieren, am besten mit der Flotten Lotte, mit Salz und Pfeffer abschmecken.
3. Für die Vinaigrette den Agavendicksaft mit dem Saft einer halben Limone verrühren. Die Kiwis schälen, eine in dünne Scheiben, die andere in 2 cm große Würfel schneiden.

Anrichten

Die Teller mit der Hälfte der Vinaigrette bepinseln, das Carpaccio darauf setzen, nochmals die Scheiben mit der Vinaigrette beträufeln. Ein wenig Meersalz darüber streuen. Die Kiwistücke und -scheiben auf den Tellern verteilen, mit grob geschrotetem Pfeffer bestreuen. Die Currycreme angießen, den Rest dazu servieren.

Lachs mit Eigelb-Dip und Kapern

300 g Lachsfilet
2 EL Sojasauce
1 EL Worcestersauce
grobes Meersalz
1/2 Apfel
8 Gewürzgürkchen
2 EL kleine Kapern
1 EL Olivenöl
2 EL glatte Petersilie
3 Eigelb

Zubereiten

1. Lachsfilet in 2 cm große Würfel schneiden und mit Soja- und Worcestersauce 2 Stunden marinieren. Anschließend salzen.
2. Den Apfel und die Gürkchen fein würfeln, mit den Kapern, der fein gehackten Petersilie und etwas Olivenöl mischen.
3. Die Eigelb salzen und verrühren.

Anrichten

Die Lachswürfel aus der Marinade nehmen und auf längliche Teller geben. Daneben die Apfel-Kapern-Mischung platzieren. Die Eigelb auf 2 Schälchen verteilen und auf die Tellern stellen.
Die Lachswürfel zuerst in das Eigelb und dann in die Gewürzgurken-Mischung dippen.

Lachstartar mit grünem Spargel

500 g Lachsfilet

Für die Beize:
50 g Zucker
30 g Salz
10 Sternanis, zerstoßen
1 TL Steakpfeffer
Abrieb einer Bio-Limone

200 ml Olivenöl
6 Stangen grüner Spargel
2 Stängel Thai Basilikum
1/2 TL Agavendicksaft
Salz

Für die Sauce:
1 EL Noilly Prat
2 EL Sahne
100 ml Hühnerfond

Zubereiten

1. Den Fisch am Vortag mit den angegebenen Zutaten in einem Gefrierbeutel beizen und über Nacht kühl stellen. Aus der Beize nehmen, abwaschen, trocken tupfen und 2-3 Stunden in Olivenöl legen.
2. Die Spargelstangen waschen, die Spargelköpfe abschneiden und von den Stangen das untere Drittel schälen, diese in kleine Stücke schneiden, im Hühnerfond gar dünsten und fein pürieren. Mit Sahne und Noilly Prat nochmals leicht erwärmen.
3. Die Spargelköpfe in einer Pfanne in Olivenöl anbraten, mit Salz und Agavendicksaft würzen und eine halbe Tasse Wasser zugeben. 5 Minuten garen.
4. Basilikumblätter klein schneiden, den Lachs aus dem Öl nehmen, abtropfen lassen, in kleine Würfel schneiden und mit den Basilikumblättern mischen. Das Olivenöl anderweitig verwenden.

Anrichten

Auf die Teller einen Metallring (Durchmesser 10 cm) setzen und mit dem Lachstartar füllen. Ringe wieder entfernen. Die Spargelspitzen auf die Teller verteilen mit der Spargelsauce umgießen.

Marinierter Lachs mit Wasabi-Eisparfait

Für das Parfait:
4 Eigelb, 4 EL Zucker
100 ml Schlagsahne, 25 g Wasabipaste

300 g Lachsfilet

Für die Marinade:
3 EL Teriyaki-Sauce, 3 El Olivenöl
1 EL Ras al Hanout
2 EL fein geschnittener Koriander
4 EL Krustentierfond, Rezept siehe Seite 194
2 EL Tomatensauce, Rezept siehe Seite 195
1 Msp. Tandoori-Gewürzmischung
2 EL süße Sojasauce
je 1 TL Fenchelsamen und Korianderkörner

2 Landgurken, ca. 400 g
2 EL Agavendicksaft
3 EL weißer Balsamico Essig, Salz

40 g Sojakeimlinge oder Kichererbsensprossen
1 TL Reisessig, Olivenöl

Zubereiten

1 Für das Parfait die Eigelb mit dem Zucker schaumig rühren, die Wasabipaste mit einem EL Sahne verrühren und unter die Eigelbmasse geben, dann die geschlagene Sahne vorsichtig darunter heben. Die Creme durch ein Haarsieb streichen und die Hälfte davon in eine längliche Form füllen. Eine Stunde anfrieren. Anschließend den Rest darüber geben und ca. 12 Stunden gefrieren lassen. Vor dem Servieren 30 Minuten lang in den Kühlschrank stellen.
2 Für die Marinade die angegebenen Zutaten aufschlagen und das Lachsfilet darin 2 Std. marinieren.
3 Den Lachs aus der Marinade nehmen, bei mittlerer Temperatur 2 Minuten von jeder Seite anbraten, dann in vier Portionen teilen.
4 Gurken schälen, entkernen, fein raspeln, ausdrücken und salzen.
5 Für den Sirup Agavendicksaft und Balsamico Essig auf 2-3 EL einkochen und abkühlen lassen.
6 Die Sojasprossen waschen, trocken schleudern und mit Reisessig und Öl beträufeln.

Anrichten

Auf die Teller je 2 Lachsstücke setzen und mit etwas Marinade beträufeln. Die Gurken mit Sirup überziehen und daneben arrangieren; auf die Sprossen eine große Kugel Wasabi-Eisparfait setzen.

Fischrillette

200 g Kabeljaufilet
Salz
Olivenöl
1 kleine Zucchini
2 Tomaten
Zucker
3-4 EL Mayonnaise, Rezept siehe Seite 194
1 Msp. Sambal oelek
2 Scheiben Ciabatta, getoastet

Zubereiten
1. Das Kabeljaufilet salzen, mit Olivenöl einreiben und im Beutel verschlossen ca. 8 Minuten in 80° warmem Wasser pochieren. Aus dem Beutel nehmen und die Hälfte des Fischfilets in Stücke zerpflücken, die andere Hälfte warm halten.
2. Zucchini in kleine Würfel schneiden und anbraten. Die Tomaten entkernen, würfeln, kurz zu den Zucchini geben, salzen und mit einer Prise Zucker abschmecken.
3. Die Fischstückchen zu der Zucchini-Tomaten-Mischung geben.
4. Die Mayonnaise mit Sambal oelek würzen und die Hälfte mit dem Fisch und Gemüse mischen.

Anrichten
Das Rillette auf den Brotscheiben verteilen und auf die Teller legen. Den restlichen Fisch und die Mayonnaise dazu reichen.

Tipp
Fein geschnittene glatte Petersilie oder Minze mit dem Rillette mischen.

Lachs auf Spinatbett

700 g Spinat
Muskatnuss

300 g Lachsfilets
Salz
Olivenöl
grob geschroteter Pfeffer
50 ml Teriyaki-Sauce

Für die Sauce:
100 g Mayonnaise, Rezept siehe Seite 194
3 EL Sahne
1 Msp. Sambal oelek
1 EL Wasabipaste

2 Kapuzinerkresseblüten

Zubereiten
1. Spinat gründlich waschen und in kochendem Salzwasser 30 Sekunden blanchieren, mit Eiswasser abschrecken, leicht ausdrücken und mit Muskatnuss würzen.
2. Den Fisch mit Salz würzen und in einer Pfanne in Olivenöl kurz anbraten, mit Teriyaki-Sauce ablöschen, nicht einkochen lassen.
3. Für die Sauce die Mayonnaise mit einer Messerspitze Sambal oelek, Wasabipaste und 3 EL geschlagener Sahne verrühren.

Anrichten
Die Hälfte der Wasabisauce unter den Spinat rühren und diesen auf die Teller geben. Den Lachs halbieren, auf den Spinat legen, mit der Teriyaki-Sauce beträufeln und mit Pfeffer bestreuen. Die restliche Wasabisauce dazu reichen und je eine Kapuzinerkresseblüten dazulegen.

Tipp
Statt Lachs eignet sich auch Thunfischsteak.

Wolfsbarsch im Artischockensud

2 Artischocken
Olivenöl

Für den Sud:
300 ml Fischfond
2 EL Sahne

500-600 g Wolfsbarschfilet
Olivenöl
16 schwarze Oliven, entsteint
20 g Pinienkerne
1 Bund Majoran
Salz

Zubereiten:
1. Die Artischocken putzen, die Blätter abziehen und das am Boden befindliche Heu entfernen. Die Artischockenböden in Zitronenwasser legen. Für den Sud die inneren Blätter waschen, 2 Minuten in Olivenöl kräftig anbraten, den Fischfond angießen und aufkochen lassen. Die Hitze reduzieren und 20 Minuten ziehen lassen. Passieren und warmhalten.
2. Die Artischockenböden aus dem Wasser nehmen, abtropfen lassen und in kleine Dreiecke schneiden. In einer Pfanne in Olivenöl kräftig anbraten, salzen, eine Tasse Artischockensud zugeben und 5 Minuten garen, Sahne hinzufügen; die Artischockenstücke sollten noch Biss haben.
3. Die Wolfsbarschfilets in einer Pfanne in Olivenöl auf der Hautseite kross anbraten, leicht salzen.
4. Die Oliven in den Artischockensud geben, 1-2 Minuten erwärmen, wieder rausnehmen und warm halten. Die Pinienkerne in einer Pfanne ohne Fett anrösten.
5. Den Sud nochmals kurz erwärmen, 2 EL Olivenöl hinzufügen, mit dem Mixstab aufschäumen.

Anrichten
Die Artischockenstücke in tiefe Teller geben, darauf den Fisch und die Oliven setzen, mit den Pinienkernen bestreuen. Den aufgeschäumten Sud um den Fisch gießen. Mit Majoranzweigen dekorieren.

Tipp
Statt Wolfsbarsch schmecken auch Kabeljau-Loins gut.

Portugiesische Fischsuppe „Caldeirada"

je 1/2 Bund Koriander und glatte Petersilie

300 ml Fischfond
3 mittelgroße Kartoffeln
3 EL Olivenöl
3 Tomaten

500 g Kabeljau aus dem Mittelstück
Olivenöl
1 große Kartoffel für Kartoffelchips
100 ml Mayonnaise, Rezept siehe Seite 194
1 Msp. Sambal oelek
Salz

Zubereiten

1. Petersilie und Koriander waschen. Die Hälfte des Korianders von den Stielen zupfen und beiseitestellen.
2. Den Fischfond aufkochen, Hitze reduzieren. Die restlichen Korianderstiele und die Petersilie mit Küchengarn zusammenbinden und in dem Fischfond 30 Minuten ziehen lassen. Die Kräuter entfernen. Die 3 Kartoffeln schälen, in 1 cm-große Würfel schneiden, in Olivenöl kräftig anbraten und salzen. Mit dem Fischfond aufgießen und garen.
3. Die Tomaten vierteln, entkernen, salzen und in den Fischfond geben.
4. Den Kabeljau waschen, von der Mittelgräte trennen und beide Teile mit Garn umwickeln. Salzen und in einen 6 Liter fassenden Gefrierbeutel mit 3 EL Olivenöl geben, fest verschließen und bei 80° im Wasserbad 10 Minuten ziehen lassen. Aus dem Beutel nehmen und das Garn entfernen. Die Kabeljaustücke in den Fischfond zu dem Gemüse geben und wieder kurz ziehen lassen.
5. Die große Kartoffel in hauchdünne Scheiben schneiden und auf einem mit Olivenöl gefettetem Blech auslegen. Die Kartoffelscheiben mit Olivenöl bepinseln, salzen, unter den Grill schieben und goldbraun braten.
6. Die Mayonnaise mit Sambal oelek verrühren.

Anrichten

Die Kabeljaustücke in tiefe Teller legen, mit der Suppe übergießen und die Kartoffel- und Tomatenwürfel um den Fisch legen. Den Fisch mit der Mayonnaise napieren und mit Korianderblättern und den Kartoffelchips bestreuen.

Tipp

Statt dem Kabeljaustück ersatzweise 2 Kabeljaufilets salzen, in einer Pfanne in Olivenöl kurz anbraten und zur Suppe geben.

Kabeljau mit Korianderöl

50 ml Olivenöl
1 Bund Koriander

600-700 g Kabeljau (Mittelstück)
2 EL Olivenöl
5-6 Mini-Zucchini
Olivenöl
Salz

Zubereiten
1 50 ml Olivenöl erwärmen und die gezupften Korianderblätter 60 Minuten darin ziehen lassen. 2 Korianderstiele beiseitelegen.
2 Die Mittelgräte des Kabeljaus auslösen, die beiden Stücke innen und außen leicht salzen, zusammenrollen und mit Küchengarn umwickeln.
3 Die Kabeljaustücke in einen 6 Liter fassenden Gefrierbeutel mit 2 EL Olivenöl geben, fest verschließen und bei 80° im Wasserbad 8 Minuten pochieren. Den Fisch herausnehmen, das Garn entfernen und warm halten.
4 Das ausgetretene Fischeiweiß aus dem Beutel zu dem Korianderöl geben und mit dem Stabmixer zu einer „Pil-Pil"-Sauce, so nennt man in Spanien eine Öl-Eiweiß-Emulsion, aufschlagen.
5 Die Zucchini in 1/2 cm dicke Scheiben schneiden, salzen und 10 Minuten stehen lassen, dann mit Küchenpapier abtupfen. Die Zucchini in einer Pfanne in Olivenöl anbraten, Hitze reduzieren und 5 Minuten garen.

Anrichten
Die Kabeljaustücke in die Mitte der Teller setzen und mit der Pil-Pil-Sauce beträufeln. Die Zucchini auf den Tellern verteilen und mit den Korianderzweigen dekorieren.

Tipp
Für dieses Rezept nur Kabeljau oder Skrei verwenden.

Kabeljau-Brandade

3 Kartoffeln
Salz
100 g Erbsen, TK

300 g Kabeljau
5 EL Olivenöl

Für die Mousseline:
50 ml Fischfond
3 EL Sahne
1 Prise Muskat

2 Eigelb
1 EL Olivenöl

Zubereiten

1. Die Kartoffeln schälen, in Stücke schneiden und in Salzwasser gar kochen. Die Kartoffeln abgießen, dabei 1 Tasse Kartoffelwasser auffangen, und stampfen, vom Kartoffelstampf 2 EL aufheben. Erbsen in Salzwasser blanchieren.
2. Den Kabeljau salzen, in einen 3 Liter fassenden Gefrierbeutel geben, mit 2 EL Olivenöl beträufeln und fest verschließen. Bei 80° im Wasserbad 5 Minuten pochieren.
3. Den Beutel öffnen, den Kabeljau herausnehmen, den Fischsud auffangen und beiseitestellen. Den Kabeljau in große Stücke zupfen, mit dem Kartoffelstampf und 3 EL Olivenöl mischen und mit Salz abschmecken.
4. Für die Mousseline die 2 EL Kartoffelstampf mit Sahne, Kartoffelwasser und Muskat erwärmen und pürieren, gegebenenfalls passieren. Die Mousseline darf nicht dickflüssig sein.
5. 2 kleine Förmchen mit Olivenöl einpinseln, je ein Eigelb vorsichtig hineingleiten lassen, mit heißem Wasser bedecken und 8 Minuten ziehen lassen.

Anrichten

Metallringe (Durchmesser 10 cm) in tiefe Teller legen und mit der Brandade füllen, das Eigelb vorsichtig auf einen Schaumlöffel geben, Wasser-Öl-Mischung abtropfen lassen, auf die Brandade setzen und mit den Erbsen umlegen. Die Eigelb halb mit der Mousseline überziehen.

Tipp

Der besondere Clou: Einen Esslöffel Trüffelsahne (1 TL Trüffelpaste mit 1 EL Sahne verrühren, leicht erwärmen) über die Eigelb geben.

Loempia vom St. Petersfisch

200 g Filet vom St. Petersfisch
Olivenöl
Salz
4 Wontonblätter, TK

Für die Füllung:
100 g große Spinatblätter
200 g Sojasprossen
1 EL Sonnenblumenöl
2 EL Sojasauce
1 cm frischer Ingwer

Für die Sauce:
1 EL Petersiliensauce, Rezept siehe Seite 195
1 TL 5-Gewürzpulver
100 ml Fischfond
50 ml Sahne
Sojasauce

Zubereiten

1. Olivenöl in einer Pfanne erhitzen und die Fischfilets darin kurz anbraten, salzen.
2. Die Wontonblätter bei 80° im Backofen antauen, 4 Blätter abziehen und auf der Arbeitsplatte je 2 einander überlappend auslegen. Die restlichen Wontonblätter sofort wieder einfrieren.
3. Den Spinat waschen, blanchieren und auf einem Küchentuch trocken tupfen. Auf die Mitte der Wonton-Blätter legen.
4. Die Sojasprossen waschen und abtropfen lassen. 3 EL Sojasprossen und den klein geschnittenen Ingwer in einer Pfanne in Sonnenblumenöl 2 Minuten braten, dann mit 2 EL Sojasauce ablöschen und abkühlen lassen.
5. Das Fischfilet auf den Spinat legen und mit der Sprossen-Ingwer-Mischung bedecken. Die Wontonblätter an den Rändern mit Wasser bepinseln und einrollen.
6. Für die Sauce den Fischfond etwas reduzieren, Petersiliensauce, 5-Gewürzpulver und Sahne dazugeben und leicht einkochen. Die restlichen Sojasprossen kurz anbraten, salzen und warm halten.
7. Die Wonton-Päckchen in einer Pfanne in Palmfett in 4 Minuten rundum knusprig braten.

Anrichten

Die restlichen Sprossen auf die Teller verteilen, die Loempia in der Mitte diagonal durchschneiden und daraufsetzen. Die aufgeschäumte Sauce zu den Sprossen geben.

Pochierter Kabeljau mit schwarzer Wasabisauce

180 g Tagliatelle
300 g Kabeljauloins
Salz
Olivenöl

2 EL Erbsen, TK

Für die schwarze Wasabisauce:
150 ml Fischfond
80 ml Sahne
3 Beutel Calamartinte à 4 g
1 EL Wasabipaste

1 EL Sushi-Ingwer, Rezept siehe Seite 195
10 Blättchen Minze

Zubereiten
1. Die Nudeln in Salzwasser al dente kochen, abgießen und warm halten.
2. Die Kabeljauloins in 2 Portionen teilen, etwas salzen und mit Olivenöl beträufeln. Zuerst in Klarsichtfolie, dann in Alufolie fest einwickeln und 5 Minuten in 80° warmem Wasser ziehen lassen.
3. Den Fisch aus der Folie nehmen, den ausgetretenen Sud zum Fischfond geben.
4. Für die Wasabisauce den Fischfond auf 100 ml einkochen, Wasabipaste und die Calamartinte zugeben, aufmixen. Die geschlagene Sahne unterheben und mit Salz abschmecken. Nicht mehr köcheln lassen.

Anrichten
Die Tagliatelle auf die Teller geben. In die Mitte den Kabeljau setzen, die Erbsen und den Sushi-Ingwer darüber verteilen, mit der schwarzen Sauce beträufeln und mit Minze bestreuen.

Tipp
Die Beutel mit Calamartinte vor dem Öffnen einfrieren: So lässt sich die Tinte gut aus dem Beutel drücken. Am besten mit Haushaltshandschuhen arbeiten.

Rochenflügel mit Aprikosen

800 g Rochenflügel
8 Aprikosen
3 EL Thymianblättchen
1-2 EL Puderzucker
4 Steinpilze
Salz
Olivenöl

Für die Sauce:
Saft einer Orange
1 EL Weißweinessig
1 TL Agavendicksaft
1 EL gelbe Currypaste
2 EL Olivenöl

Zubereiten

1. Den Rochenflügel säubern, dabei die Knorpelstücke abschneiden, waschen und trocken tupfen. In 4 Segmente schneiden und in einer Kasserolle mit Olivenöl im Backofen 10 Minuten bei 180° auf der Hautseite braten, dann filetieren und salzen, warm halten.
2. Die Aprikosen halbieren und entkernen. Eine gusseiserne Form mit Olivenöl auspinseln, mit 2 EL Thymianblättchen ausstreuen, darauf die Aprikosenhälften setzen. Mit dem Puderzucker bestäuben und ca. 10 Minuten im Backofen bei 180° garen. Vorsicht: Der Garprozess setzt plötzlich ein, deshalb kontrollieren, die Aprikosen sollten nicht zu weich werden!
3. Für die Currysauce den Orangensaft etwas einkochen, den Weißweinessig hinzufügen und 2 Minuten leicht köcheln. Olivenöl und Currypaste dazugeben, passieren und aufmixen. Mit Agavendicksaft abschmecken, die Sauce soll leicht süßlich sein.
4. Die geputzten Steinpilze halbieren und in Olivenöl kurz in einer Pfanne sautieren, etwas salzen.

Anrichten

Die Filets des Rochenflügels auf den Tellern übereinanderschichten, die Aprikosen dazugeben und mit der Currysauce beträufeln. Mit den Steinpilzen und dem restlichen Thymian bestreuen.

Tipp

Einige Aprikosen mehr garen, pürieren und das Püree mit Cointreau abschmecken und dazu reichen.

Doradenfilets auf Sobrasada-Kartoffelstampf

400 g Kartoffeln
30 g Sobrasada
2 Doradenfilets à ca. 150 g
2 EL Olivenöl
Salz

Für die Sauce:
100 ml Fischfond
2 EL Noilly Prat
1 EL Pernod
50 ml Krustentierfond, Rezept siehe Seite 194
30 g Sobrasada
Salz
2 EL Schlagsahne

1/2 Scheibe Vollkornbrot
1 TL Limonenöl

12 Mandeln
Olivenöl
Salz

Zubereiten

1. Die Kartoffeln schälen, vierteln und in Salzwasser gar kochen. Abgießen, stampfen und mit dem Olivenöl verrühren.
2. Die Sobrasada in eine heiße Pfanne geben und 1 Minute braten. Das ausgetretene Fett und die Sobrasada zu den Stampfkartoffeln geben und verrühren. Mit Salz abschmecken.
3. Die Fischfilets in Olivenöl in der Pfanne auf der Hautseite 2 Minuten kross anbraten, warm halten.
4. Für die Sauce den Fischfond auf die Hälfte einkochen, Pernod und Noilly Prat zugeben, nochmals etwas einkochen. Krustentierfond und Sobrasada hinzufügen und einmal kurz aufkochen, passieren und mit Salz abschmecken. Die Sahne unter die Sauce heben.
5. Für die Crumbles die Brotscheibe im Cutter klein hacken und in einer Pfanne ohne Fett rösten. Mit 1 TL Limonenöl aromatisieren.
6. Die Mandeln mit dem Olivenöl in einer Pfanne rösten, etwas salzen.

Anrichten

Den Kartoffelstampf auf den Tellern platzieren, die Fischfilets dazulegen, teilweise mit der Sauce überziehen, mit den Crumbles und den Mandeln bestreuen.

Zander mit Chorizo-Nudelragout

120 g Granatta (kleine Nudeln, ersatzweise Reiskornnudeln)
2 Zanderfilets
10 Scheiben Chorizo
1/3 Apfel
200 ml Fischfond
einige Fäden Safran
1 Zweig Thymian

Für die Sauce:
100 ml weiße Fischsauce, Rezept siehe Seite 195
50 ml Krustentierfond, Rezept siehe Seite 194
Salz

2 EL Petersilienpesto

Zubereiten

1. Die Nudeln 5 Minuten in Salzwasser garen, abgießen. Den Fischfond, Thymian und Safran zu den Nudeln geben und 2 Minuten ziehen lassen, den Thymian entfernen.
2. 4 Scheiben Chorizo in kleine Würfel schneiden.
3. Den Apfel in 1 cm große Würfel schneiden, mit der gewürfelten Chorizo in einer Pfanne in Olivenöl 2 Minuten braten und mit den Nudeln vermischen.
4. Die weiße Fischsauce etwas einkochen, Krustentierfond dazugeben, mit Salz abschmecken und aufschäumen.
5. Die Zanderfilets in einer Pfanne in Olivenöl auf der Hautseite 3 Minuten braten, leicht salzen. Die restlichen Chorizoscheiben kross braten.

Anrichten

Das Nudelragout und die Chorizoscheiben auf die Teller geben, die Zanderfilets danebensetzen und die Fischsauce angießen. Mit einem Streifen Petersilienpesto dekorieren.

Tipp

Schwarzes Nudelragout:
3 Beutel Calamartinte à 4 g mit dem Fischfond aufkochen. 100 ml zum Nudelragout geben.
Die restliche schwarze Sauce etwas einkochen, mit 3 EL Sahne verfeinern, mit Salz abschmecken, aufschäumen und zum Fisch geben. – Die Beutel mit Calamartinte vor dem Öffnen einfrieren: So lässt sich die Tinte gut aus dem Beutel drücken. Am besten mit Haushaltshandschuhen arbeiten.

6

GEFLÜGEL

Pilzsalat mit Perlhuhnbrust und Heidelbeeren

1 Perlhuhnbrust
je 2 Zweige Rosmarin und Thymian
Olivenöl

Für den Pilzsalat:
300 g Pfifferlinge oder Waldpilze
Salz, Pfeffer
2 EL weißer Balsamico Essig
2 EL Olivenöl
2 Zweige Estragon

Für die Vinaigrette:
6 EL Olivenöl
2 EL Noilly Prat
1 EL mittelscharfer Senf
3 EL Sahne
1 EL glatte Petersilie, fein gehackt

4 EL Heidelbeeren

Zubereiten

1. Öl in einem Bräter mit Rosmarin und Thymian erhitzen, die Perlhuhnbrust darauflegen und auf beiden Seiten scharf anbraten. Dann vom Knochen lösen, beidseitig salzen und im Backofen 10-12 Minuten bei 150° ruhen lassen. Die Brust in dünne Scheiben schneiden und in Alufolie eingewickelt warm halten.
2. Für den lauwarmen Pilzsalat die Pilze putzen, anbraten, die Hitze reduzieren und salzen. Essig und Olivenöl verrühren und mit den kleingeschnittenen Estragonblättchen zu den Pilzen geben, salzen, pfeffern und 15 Minuten ziehen lassen.
3. Die Zutaten für die Vinaigrette mit einem Schneebesen verrühren und die gewaschenen Heidelbeeren darin 30 Minuten marinieren.

Anrichten

Die Perlhuhnscheiben fächerartig auf dem Teller anrichten, den lauwarmen Pilzsalat dazugeben und mit Petersilie betreuen. Die Heidelbeeren um das Perlhuhn verteilen und alles mit der Vinaigrette beträufeln.

Perlhuhnkeulen mit Mandelsauce auf Wirsing

2 Perlhuhnkeulen
Olivenöl
Salz
2 Rosmarinzweige

Für die Sauce:
50 g Mandeln
200 ml Geflügelfond
1 EL Amaretto
1 Msp. Piment d'espelette
Olivenöl
Salz
50 ml Sahne

500 g Wirsing
2 Stiele Majoran

20 g Mandelsplitter

Zubereiten
1. Olivenöl in einer Pfanne erhitzen, Hitze reduzieren und die Perlhuhnkeulen auf die klein geschnittenen Rosmarinzweige legen, bei niedriger Hitze 30 Minuten zugedeckt garen.
2. Die Mandeln fein mahlen. Den Geflügelfond aufkochen, die gemahlenen Mandeln dazugeben und 10 Minuten köcheln lassen, passieren und in einem Topf nochmals erwärmen, Amaretto und Sahne zugeben, mit Salz und mit Piment d'espelette abschmecken: Die Sauce sollte eine leichte Schärfe haben. Den Wirsing zerteilen, den Strunk herausschneiden, die Blätter längs halbieren und in Salzwasser 3 Minuten blanchieren, abtropfen lassen und in ein Tuch einschlagen.
4. Die Mandelsplitter in Olivenöl anrösten.

Anrichten
Die Perlhuhnkeulen auf die Wirsingblätter setzen und mit der aufgeschäumten Sauce umgießen. Die Keulen mit den Mandeln bestreuen und mit dem Majoran dekorieren.

Tipp
Statt Wirsing schmeckt auch Spitzkohl gut dazu.

Maispoulardenbrust mit Mango

2 Maispoulardenbrüste
Salz, Pfeffer
1/2 Bund Koriander, gezupft
1 Mango
150 g Sojasprossen
30 g gerösteter Sesam
50 ml Sahne
Sambal oelek
1 EL gelbe Currypaste

Für die Sauce:
100 ml Geflügelfond
100 ml Sahne
1 EL Sherryessig
1 TL gelbe Currypaste

Zubereiten

1 Die Poulardenbrüste zum Füllen aufschneiden, innen mit Salz und Pfeffer würzen, mit den Korianderblätter belegen, einige Blätter für die Dekoration beiseitelegen.
Für die Füllung die Mango schälen, die Endstücke in Würfel, die restliche Mango in Scheiben schneiden und beiseitestellen.

2 Die Sojasprossen waschen und trocken schleudern. 50 g der Sprossen mit den Mangowürfeln kurz andünsten, Sahne und Sesam dazugeben und mit Salz und Sambal oelek abschmecken. Die Füllung auf die Poulardenbrüste geben, aufrollen, salzen und zuerst in Klarsichtfolie, dann in Alufolie fest einwickeln. In heißem Wasser 10 Minuten pochieren, die Folien entfernen und die Geflügelrollen warm halten.

3 Die restliche Sprossen in Olivenöl kurz anbraten und leicht salzen.

4 4 Mangoscheiben mit dem Geflügelfond aufkochen, pürieren und mit Sherryessig und Sahne leicht reduzieren. Mit Currypaste abschmecken und salzen. Sesam ohne Öl in einer Pfanne rösten.

Anrichten

Den Sesam auf einen Teller geben, die Poulardenbrüste darin wenden, in dicke Scheiben schneiden und auf die Teller legen. Mit Sojasprossen und den restlichen Mangoscheiben umlegen. Mit der aufgeschäumten Currysauce umgießen und mit einigen Korianderblättchen bestreuen.

Orangenhuhn mit Datteln und Oliven

Für 4 Personen:
1 Freilandhuhn
2 EL Orangenmarmelade
2 EL Honig
4 Zweige Rosmarin
2 Orangen
3 EL Cointreau
4 mittelgroße Kartoffeln
50 g schwarze Oliven, entsteint
8 Datteln
4-6 Salbeiblätter
Salz, Olivenöl

Zubereiten
1. Das Huhn zerteilen, salzen und in einem Bräter in Olivenöl anbraten. Die Hühnerteile mit Orangengelee und Honig bestreichen. Die Rosmarinzweige dazugeben. Die Orangen auspressen, die Hälfte des Orangensaftes zum Huhn geben und bei 180° im Backofen 45 Minuten garen. Die Hühnerteile aus dem Bräter nehmen und warm halten, den Rosmarin entfernen.
2. Den restlichen Orangensaft zu dem Bratfond geben und etwas einkochen lassen, Cointreau hinzufügen und mit Salz abschmecken.
3. Die Kartoffeln schälen, in 2 cm große Würfel schneiden, in einer Pfanne mit Olivenöl 10 Minuten knusprig braten und salzen.
4. Oliven und Datteln zur Sauce geben, Salbei in Olivenöl eine Minute kross anbraten.

Anrichten
Die Hühnerteile auf die Teller legen, mit der Sauce übergießen und mit den Kartoffelwürfeln umgeben. Mit dem Salbei dekorieren.

Tipp
Statt Kartoffeln schmecken auch Tagliatelle gut dazu.

Stubenküken mit Mandelvinaigrette

1 Stubenküken
Olivenöl
Salz
2 Rosmarinzweige

500 g grüner Spargel
50 ml Hühnerbrühe
Salz
1/2 TL Agavendicksaft

Für die Vinaigrette:
50 g gemahlene Mandeln
100 ml Hühnerfond
1 EL weißer Balsamico Essig
1/2 TL Agavendicksaft
1 TL Amaretto
Salz
Olivenöl

Zubereiten

1. Das Stubenküken waschen, salzen und in Olivenöl in einer Kasserolle scharf anbraten. Die Hitze reduzieren. Nach 10 Minuten die Rosmarinzweige dazu geben, den Deckel schließen und bei kleiner Flamme 20 Minuten schmoren.
2. Den Spargel nur an den unteren Enden schälen, die Stangen in 3-4 cm lange Stücke schneiden und in Olivenöl in einer Pfanne andünsten. Mit Salz und Agavendicksaft würzen, die Hühnerbrühe dazugeben und 7-8 Minuten garen.
3. Für die Vinaigrette die gemahlenen Mandeln in Olivenöl kurz rösten und mit dem Hühnerfond ablöschen. 5 Minuten ziehen lassen, dann passieren. Den Topf von der Flamme nehmen, die Sauce mit Essig, Agavendicksaft, Salz, Olivenöl und einem Schuss Amaretto würzen.

Anrichten

Das Geflügel in die Mitte der Teller legen, den Spargel darum verteilen. Die lauwarme Vinaigrette im Mixer aufschäumen und über den Spargel träufeln.

Asiatische Wachteln in Kokosmilch

2 Wachteln
Olivenöl
1 cm Ingwer, geschält

Für die Kokossuppe:
200 ml Kokosmilch
100 ml Hühnerbrühe
1 TL Agavendicksaft
Zesten und Saft einer halben Bio-Limone
1 Msp. Sambal oelek
1 TL gelbe Currypaste
Salz

100 g Zuckerschoten
Salz
1/2 TL Agavendicksaft
2 EL Erdnüsse
2 Korianderstiele

Zubereiten
1. Mit der Küchenschere den Rückenknochen der Wachteln herausschneiden, Brust und Keulen trennen und die Flügelspitzen entfernen. Zuerst die Keulen scharf in Olivenöl anbraten und den in Scheiben geschnittenen Ingwer dazugeben. 2 Minuten weiterbraten. Anschließend die Brust dazugeben, 3 Minuten mitbraten und salzen.
2. Die Kokosmilch mit der Hühnerbrühe aufkochen, etwas Salz, Agavendicksaft, Sambal oelek und Currypaste hinzufügen. 5 Minuten köcheln, den Saft einer halben Limone dazugeben.
3. Die Wachtelteile aus der Pfanne nehmen und in der Kokossuppe ca. 8 Minuten ziehen lassen. Die Sauce darf nicht mehr köcheln.
4. Die Zuckerschoten putzen und halbieren. In der Pfanne Olivenöl erhitzen, die Zuckerschoten dazugeben, salzen und mit Agavendicksaft und etwas Wasser in 5 Minuten gar dünsten.

Anrichten
Die Suppe in tiefe Teller gießen, die Wachtelteile hinzufügen und die Zuckerschoten rundherum verteilen, mit Erdnüssen, Limonenzesten und Korianderblättern garnieren.

Tipp
Statt Zuckerschoten schmeckt auch Thai Spargel dazu.

Mediterrane Wachteln

4 Wachteln
Olivenöl, Salz

30 g Rosinen
3 EL Portwein
50 g getrocknete Tomaten
1 Bio-Orange
2 EL Bitter-Orangenmarmelade
2 Rosmarinzweige
50 g schwarze Oliven, entsteint
4 Zweige Thai Basilikum
ein halbes italienisches Landbrot

Zubereiten

1. Die Rückenknochen der Wachteln herausschneiden, Keulen und Brüstchen trennen, salzen und in einer Kasserolle in Olivenöl auf der Hautseite anbraten, dann wenden.
2. Die Rosinen in Portwein 30 Minuten marinieren, die Tomaten in Streifen schneiden und die Oliven entkernen. Orangenzesten, Oliven, Rosinen und die Tomaten zu den Wachteln geben und mit Rosmarin abdecken.
3. Die Orange auspressen, die Hälfte des Orangensaftes mit der Orangenmarmelade verrühren und die Wachteln damit bestreichen. Bei 80° für 30 Minuten in den Backofen schieben. Den Orangensud mit Salz und Pfeffer abschmecken, mit dem Stabmixer aufschäumen.

Anrichten

Brust und Keulen auf die Teller legen, Oliven, getrocknete Tomaten und Rosinen auf den Wachteln verteilen und mit den Basilikumblättern dekorieren. Den Orangensud dazureichen.
Dazu Scheiben von italienischen Landbrot servieren.

Wachtel mit Kartoffeltrüffelsauce und Spinatsalat

2 Wachtelbrüstchen
2 Rosmarinzweige

Für die Sauce:
1 Kartoffel
3 EL Sahne
1/2 EL Trüffelpaste
Muskat, Salz

Für die Vinaigrette:
1 EL weißer Balsamico Essig
1 EL Olivenöl
1 TL Agavendicksaft
1 Schuss Sekt
1 TL Trüffelpaste
Salz

100 g Babyspinat

2 Eier
Olivenöl

Zubereiten

1. Die Wachtelbrüstchen beidseitig in Olivenöl in einer Pfanne anbraten, auf die Rosmarinzweige legen, salzen, pfeffern und im Backofen bei 60° 30 Minuten garen lassen, von den Knochen lösen und in Alufolie einschlagen.
2. Kartoffel schälen, in Würfel schneiden und in Salzwasser gar kochen, abgießen, dabei etwas Kochwasser auffangen. Die Kartoffel zerdrücken und mit Sahne, ein wenig Kartoffelwasser und Muskat zu einer Creme rühren, eventuell passieren. Mit der Trüffelpaste und Salz abschmecken und warm stellen.
3. Aus den angegebenen Zutaten eine Vinaigrette rühren.
4. Die Spinatblätter waschen, trocken schleudern und mit der Vinaigrette beträufeln.
5. Eine Pfanne mit Olivenöl auspinseln, die Eier aufschlagen und bei mittlerer Hitze braten. Das Eigelb sollte noch flüssig sein.

Anrichten

Die Kartoffelsauce auf die Teller verteilen, darauf die Wachtelbrüstchen setzen und den Spinatsalat mit den Eiern daneben platzieren.

Papillote von der Wachtel

2 Wachteln

200 g braune Champignons
4 EL Sahne
6 EL Sojasauce
Senf

4 Wontonblätter, TK

400 g Möhren
1/2 TL Agavendicksaft
Olivenöl, Salz

Für die Sauce:
1 cm frischer Ingwer, geschält
2 Zweige Thymian
250 ml Hühnerbrühe, 2 EL Sahne

Zubereiten

1. Die Wachteln ausbeinen, die Keulen anderweitig verwerten. Die Wachtelbrüste 15 Minuten mit 3 EL Sojasauce marinieren. Aus der Marinade nehmen, trocken tupfen und in Olivenöl in einer Pfanne auf der Hautseite kurz anbraten.
2. Für die Füllung die Champignons in kleine Würfel schneiden und anbraten, mit 1 EL Sojasauce ablöschen und mit der Sahne einkochen, auskühlen lassen.
3. Die Wontonblätter auftauen und jeweils 2 Platten einander in der Mitte überlappend auf eine Arbeitsplatte legen.
4. Die Wachtelbrustfilets mit der Hautseite auf die Wontonblätter legen, die Fleischseiten mit Senf einreiben und die Pilzmasse darauf verteilen. Die Teigränder mit Wasser bestreichen, zu Rollen formen und im auf 200° vorgeheizten Backofen 10 Minuten backen.
5. Die Möhren schälen, in 2 mm dünne Scheiben schneiden und in einer Pfanne in Olivenöl andünsten. Leicht salzen, mit Agavendicksaft beträufeln und bei reduzierter Hitze mit etwas Wasser gar dünsten.
6. Für die Ingwersauce die restliche Sojasauce mit der Hühnerbrühe aufkochen. Den Ingwer klein würfeln und mit den Blättchen von einem Zweig Thymian zur Sauce geben, einkochen, durch ein Sieb passieren und mit Sahne aufmixen.

Anrichten

Die Wachtelpäckchen in der Mitte diagonal durchschneiden, auf die Teller setzen und mit Ingwersauce umgießen. Die Möhren neben die Wachtel geben und mit den restlichen Thymianblättchen bestreuen.

Taubenbrust mit Artischocken-Pilz-Salat

4 Taubenbrustfilets
40 g Putenleber
Olivenöl, Salz
1 große Artischocke
je 100 g Steinpilze und Pfifferlinge
1 EL glatte Petersilie, fein gehackt

Für die Vinaigrette:
1 TL Sherryessig
1 EL weißer Balsamico Essig
4 EL Olivenöl
1 EL Trüffelpaste
Salz
1 TL Agavendicksaft

Zubereiten

1. Die Taubenbrustfilets in Olivenöl in einer Pfanne anbraten, salzen und in Alufolie einwickeln. Im vorgeheizten Backofen bei 80° 30 Minuten ruhen lassen.
2. Die Leber in Olivenöl in einer Pfanne anbraten, salzen und in kleine Würfel schneiden. Warmhalten.
3. Die Artischocke putzen, die Blätter abschneiden und das Heu am Boden entfernen. Den Artischockenboden in dünne Scheiben schneiden, scharf anbraten und leicht salzen. Warm halten.
4. Die Pilze putzen; dann die Pfifferlinge halbieren und die Steinpilze in Scheiben schneiden, beide Pilzsorten in Olivenöl in einer Pfanne anbraten.
5. Aus den angegebenen Zutaten eine Vinaigrette mixen.

Anrichten

Die Artischockenscheiben aufrollen und mit den Pilzen auf die Teller verteilen. Die in Scheiben geschnittenen Taubenbrüste mit der Leber in die Mitte des Tellers setzen, mit der Vinaigrette beträufeln und mit Petersilie bestreuen.

Feigenravioli mit Entenleber und Taubenbrust

2 Lasagneblätter
4 blaue Feigen
50 ml Portwein
4 Scheiben Enten- oder Putenleber
Olivenöl
2 EL Thymianblättchen
200 ml Hühnerbrühe

4 Taubenbrüste

Salz, Pfeffer
150 g Pfifferlinge
Agavendicksaft

Zubereiten

1. Die Lasagneblätter halbieren, in reichlich kochendem Salzwasser al dente garen, abschrecken und gut abtropfen lassen. Lasagneblätter bis zum Gebrauch in feuchte Tücher legen.
2. Die Feigen in grobe Würfel schneiden und eine halbe Stunde in Portwein marinieren.
Die Leber würfeln, in Olivenöl in einer Pfanne anbraten und salzen, sie sollte noch leicht rosa sein.
3. Für die Füllung der Ravioli die Hälfte der Feigenwürfel aus der Marinade nehmen, abtropfen lassen und mit den Leberwürfeln und 1 EL Thymian auf die 4 Lasagneblätter verteilen, fest zusammendrücken und in eine Auflaufform legen. Mit der aufgekochten Hühnerbrühe übergießen und bei 150° Heißluft im Backofen 15 Minuten erwärmen.
4. Die Taubenbrüste in Olivenöl in einer Pfanne kurz scharf anbraten, salzen und in Alufolie einwickeln. Bei 80° im Backofen 30 Minuten ruhen lassen.
5. Die Ravioli herausnehmen und warm halten, den Fond auf die Hälfte einkochen, mit 1 EL Olivenöl aufschäumen und mit Salz und Pfeffer abschmecken.
6. Die Pfifferlinge putzen, in Olivenöl in einer Pfanne 3 Minuten braten und salzen. Warm halten.
7. Die restlichen Feigen mit dem Portwein erhitzen, salzen und 10 Minuten dünsten, sodass ein Mus entsteht, mit Agavendicksaft abschmecken.

Anrichten

Die Ravioli auf die Teller legen, das Feigenmus daneben geben und darauf die in Scheiben geschnittenen Taubenbrüste setzen. Mit den Pfifferlingen umlegen. Die Ravioli mit dem Fond beträufeln und mit den restlichen Thymianblättchen dekorieren.

Huhn auf mallorquinische Art mit Sobrasada

Für 4 Personen:
1 Freilandhuhn
Olivenöl
Salz, schwarzer Pfeffer

50 g Sobrasada
1 Apfel
30 g Mandeln, gehackt
30 g Rosinen
100 ml Hühnerbrühe
1/4 l Weißwein

6 mittelgroße Kartoffeln
Olivenöl

8 Langostinos

Zubereiten
1. Das Huhn zerteilen, salzen und pfeffern. Die Hühnerteile in Olivenöl anbraten und in eine Kasserolle geben.
2. Den Apfel würfeln, mit den Mandeln, Rosinen und Sobrasada anbraten. Die eine Hälfte der Mischung warm stellen, die andere Hälfte mit dem Schneidstab zerkleinern, über die Hühnerteile geben und mit Wein und Hühnerbrühe aufgießen. Im Backofen 30 Minuten bei 200° schmoren. Die Hühnerteile aus der Kasserolle nehmen und warm stellen. Den Bratenfond mit dem Mixstab pürieren und mit Salz und Pfeffer abschmecken.
3. Die Kartoffeln schälen, in dicke Scheiben schneiden, kross braten und salzen.
4. Die Langostinos ausbrechen, waschen, Darm entfernen und in Olivenöl in einer Pfanne 2 Minuten braten. Leicht salzen.

Anrichten
Die Hühnerteile auf die Kartoffelscheiben legen, die Apfel-Mandel-Mischung darüber verteilen und mit den Langostinos umlegen; die Sauce um das Huhn verteilen.

Stubenküken auf Tamarindenschaum mit Möhren

2 Stubenküken
Olivenöl
Salz

Für den Tamarindenschaum:
1 Bio-Ei
1 EL Senf
3 EL Olivenöl
3 EL Kokosmilch
3 TL Tamarindenpaste
1 TL Ingwersirup
Salz

300 g Möhren
Salz
Olivenöl
Agavendicksaft

Zubereiten
1. Die Stubenküken zerteilen, salzen und in einer Kasserolle in Olivenöl scharf anbraten. Bei 180° auf mittlerer Stufe im Backofen 20 Minuten weiterbraten.
2. Für den Tamarindenschaum das Eigelb mit Olivenöl und Senf zu einer Creme aufschlagen, mit Kokosmilch, Tamarindenpaste und Ingwersirup verrühren. Das Eiweiß steif schlagen und 3 gehäufte Esslöffel davon vorsichtig unter die Creme heben.
3. Die Möhren schälen und mit dem Sparschäler in lange Streifen schneiden. Die Möhren mit Olivenöl in eine Pfanne geben, salzen, mit Agavendicksaft aromatisieren und mit einer halben Tasse Wasser bei niedriger Temperatur 5 Minuten dünsten.

Anrichten
Die Möhren mit den Stubenkükenteilen auf den Tellern arrangieren und mit der Sauce umgießen.

7

Fleisch

Spareribs mit Mango

600-800 g Schweinerippchen
je 1 TL Koriander- und Pfefferkörner
20 ml Sojasauce
1 cm Ingwer, geschält und in Scheiben geschnitten
5 Kaffirlimettenblätter
Salz

Für die Marinade:
50 ml Whiskey oder Gin
20 g Senf
50 ml Sojasauce
50 ml Olivenöl
50 ml Tomatenketchup
1 TL Honig
1 Msp. Sambal oelek
Salz

30 g Zucker
50 ml Reisessig
300 g Weißkohl, feingeraspelt
Salz, Sambal oelek
1 Mango
2 Zweige Thai Basilikum
1/2 Limette

Zubereiten

1. Am Vortag Wasser mit Salz aufkochen, die Rippchen mit den Gewürzen und der Sojasauce dazugeben und ca. 45 Minuten leicht köcheln lassen. Das Fleisch in der Brühe erkalten lassen.
2. Inzwischen alle Marinadezutaten verrühren, die erkalteten Spareribs aus der Brühe nehmen, mit der Marinade übergießen und 12 Std. im Kühlschrank marinieren.
3. 100 ml Wasser mit dem Zucker aufkochen, Reisessig hinzufügen und abkühlen lassen. Über den Weißkohl gießen und 60 Minuten marinieren. Mit Salz und Sambal oelek abschmecken.
4. Das Fleisch aus der Marinade nehmen, abtupfen und im Grill knusprig braten. Die Marinade erwärmen und aufschlagen.
5. Die Mango schälen, ein Drittel davon in grobe Würfel schneiden, pürieren und Limettensaft dazugeben. Die restliche Mango in Scheiben schneiden.

Anrichten

Die Spareribs mit dem Weißkohl und den Mangoscheiben auf die Teller geben und mit der Marinade beträufeln, mit dem Mangopüree und Thai Basilikum dekorieren.

Wonton vom Kaninchenrückenfilet

1 Kaninchenrücken
4 Wontonplatten, TK
40 g Weißbrot
20 g Pinienkerne
Olivenöl
2 EL alter Balsamico Essig
Salz, Pfeffer

Für die Vinaigrette:
Olivenöl
2 Kaninchenlebern
Pfeffer
1 Orange
1 TL Speisestärke
2 Thymianzweige
1/2 TL Senf, mittelscharf
30 ml weißer Balsamico Essig

300 g Möhren
1/2 TL Agavendicksaft

Zubereiten

1. Kaninchenrücken vom Knochen lösen, die Bauchlappen am Filet lassen.
2. Weißbrot in kleine Würfel schneiden und in Olivenöl in einer Pfanne kross anbraten. Pinienkerne ohne Öl anrösten, zu den Croutons geben und Balsamico Essig darübergießen.
3. Die Wontonblätter bei 80° im Backofen antauen, 4 Blätter abziehen und je 2 auf einer Arbeitsplatte in der Mitte einander überlappend auslegen. Die restlichen Wontonblätter sofort wieder einfrieren.
4. Den Kaninchenrücken salzen, pfeffern und jeweils auf 2 Wontonblätter legen.
5. Die Brotwürfelmischung auf die Bauchlappen setzen, die Blätter an den Seiten mit Wasser bestreichen und einrollen. Die Rollen für 12 Minuten bei 200° Heißluft in den Backofen geben.
6. Die Leber anbraten, salzen und pfeffern, aus der Pfanne nehmen, in kleine Würfel schneiden und nochmals kurz sautieren.
7. Die Orange auspressen und den Saft mit dem Thymian etwas einkochen, Senf und weißen Balsamico Essig dazugeben. Mit Speisestärke binden und ein wenig köcheln lassen, den Thymian entfernen und die Leberwürfel hinzufügen.
8. Die Möhren mit dem Sparschäler in lange Streifen schneiden, salzen, in einer Pfanne in Olivenöl anbraten und eine halbe Tasse Wasser zugeben. Mit Agavendicksaft aromatisieren, Hitze reduzieren und 5 Minuten dünsten.

Anrichten

Die Kanichenrückenrollen diagonal aufschneiden, die Möhren zu einem kleinen Nest wickeln und neben die Rollen legen. Die Lebervinaigrette auf die Teller verteilen.

Kaninchenrücken mit Calamaretti und Zimtsauce

4 Lasagneblätter
1 TL Olivenöl
Salz

1 Kaninchenrücken
6 Calamaretti
Olivenöl
2 Kaninchenlebern
Salz
1 Msp. Piment d'espelette
2 EL glatte Petersilie, klein gehackt
je 1 Zweig Thymian und Rosmarin

Für die Sauce:
50 ml Sahne
1 El Noilly Prat
1 TL Zimt
Salz

Zubereiten

1. Die Lasagneblätter halbieren, in reichlich kochendem Salzwasser al dente garen, abschrecken und gut abtropfen lassen. Dann in einem Topf in Olivenöl schwenken und warm halten.
2. Den Kaninchenrücken ausbeinen und die Filets von den Bauchlappen lösen.
3. Für den Fond den Rückenknochen in Olivenöl in einer Pfanne scharf anbraten, Thymian und Rosmarin dazugeben, mit 200 ml Wasser auffüllen und 30 Minuten köcheln lassen.
4. Die Calamaretti putzen, dabei das Chitinstück und den Kopf mit Innereien aus den Tuben ziehen. Tuben längs halbieren und gut auswaschen, in Scheiben schneiden. Armteile von Kopf und Mundwerkzeugen schneiden und waschen. Die Calamarettistücke auf Küchenkrepp gut trocknen. Die Tentakel in einer feuerfesten Form unter dem Grill 2 Minuten braten, warm stellen. Die Tuben anderweitig verwerten. Die Bauchlappen in 1 cm breite Streifen schneiden, die Leber würfeln und beides in Olivenöl in einer Pfanne 3 Minuten scharf anbraten. Salzen und mit Piment d'espelette würzen. Warm stellen.
5. Das Kaninchenfilet in derselben Pfanne anbraten, Hitze sofort reduzieren und ca. 5 Minuten auf kleiner Flamme ziehen lassen. Warm stellen.
6. In die Pfanne Noilly Prat geben, einkochen lassen und mit 100 ml des Kaninchenfonds aufgießen. Wieder etwas einkochen lassen, die Sahne dazugeben, mit Zimt würzen und mit Salz abschmecken.

Anrichten

Die Lasagneblätter in die Mitte der Teller platzieren, darauf das Filet, die Leber und die Bauchlappenstreifen verteilen. Mit den Fangarmen dekorieren und mit Petersilie bestreuen. Die Sauce aufmixen und dazugeben.

Kaninchenkeulen mit Feigen

4 getrocknete Feigen
100 ml roter Portwein

1 Kohlrabi
2 Kaninchenkeulen
1 Zweig Rosmarin und Thymian
20 g Kakao
Salz

Für die Sauce:
100 ml Rotwein
20 g bittere Kuvertüre 70%
Pfeffer
event. Speisestärke

Zubereiten
1. Die Feigen halbieren und in Portwein 60 Minuten marinieren.
2. Den Kohlrabi schälen und die Hälfte in dünne Scheiben, die andere Hälfte in Stifte schneiden. Beides nacheinander in Olivenöl in einer Pfanne andünsten, salzen und kurz garen. Warmhalten.
3. Die Kaninchenkeulen von den Knochen lösen, in 6 Stücke zerteilen und auf Spieße stecken. Salzen und in einer Pfanne in Olivenöl mit Rosmarin und Thymian 10 Minuten rundherum braten. Aus der Pfanne nehmen, mit dem Kakao bestäuben, dann wieder in die Pfanne geben und nochmals kurz erwärmen.
4. Die Feigen in dem Portwein erwärmen, herausnehmen und den Portwein mit dem Rotwein auf die Hälfte einkochen, die Kuvertüre einrühren, salzen und pfeffern und gegebenenfalls mit etwas Speisestärke binden.

Anrichten
Die Kohlrabistifte in die Kohlrabischeiben einrollen und auf die Teller geben. Aus den Kaninchenstückchen die Spieße ziehen, zu dem Kohlrabi geben, mit Schokosauce und mit den warmen Feigen servieren.

Geschmorte Kaninchenkeule mit Steinpilzen

2 Kaninchenkeulen
Salz und Pfeffer
1 Artischocke
je 2 Zweige Rosmarin und Thymian
100 ml Hühnerfond
2 EL glatte Petersilie, gehackt
Olivenöl

Für die Mousseline:
2 mittelgroße Kartoffeln
1 EL Butter
Salz
50 ml Sahne
Muskat

200 g Steinpilze
Olivenöl
Salz

Zubereiten

1. Die Kaninchenkeulen salzen, pfeffern und in einer Kasserolle in Olivenöl anbraten, Hitze reduzieren, Rosmarin und Thymian dazugeben und das Ganze im Backofen bei 150° 30 Minuten schmoren.
2. Die Artischocke putzen, den Boden in kleine Segmente schneiden und in einer Pfanne mit Olivenöl leicht kross braten, salzen und mit 2 EL Hühnerfond 5 Minuten garen. Die Artischockenstücke sollten noch bissfest sein.
3. Für die Mousseline die Kartoffeln schälen, vierteln und in Salzwasser gar kochen. Die Kartoffeln zerdrücken, mit 2 Tassen Kartoffelwasser, der Hälfte der Sahne und Butter aufschlagen und mit Salz und Muskat abschmecken. Warm stellen.
4. Die geputzten Pilze in Scheiben schneiden und in Olivenöl in einer Pfanne anbraten, salzen. Warm halten. Die Kräuter 5 Minuten vor dem Ende der Garzeit der Keulen aus dem Bräter entfernen und die Artischocken über das Kaninchen geben.
5. Die Keulen und die Artischocken warm stellen und den Sud mit Hühnerfond aufkochen. Die restliche Sahne dazugeben und mit Salz abschmecken.

Anrichten

Die Mousseline auf die Teller gießen, darauf die Keulen setzen, mit der Sahnesauce nappieren und das Gemüse dazugeben. Mit der Petersilie bestreuen.

Millefeuille von Knödelblättern mit Pfifferlingen

300 g Weißbrot ohne Rinde
1 Bund glatte Petersilie, fein gehackt
2 Eier
1 Eigelb
100 ml Sahne
Muskat, Salz, Pfeffer
50 g Weißbrotwürfel
20 g Butter
Olivenöl

Für die Sauce:
100 ml Geflügelfond
2 EL Meerrettich aus dem Glas
50 ml Sahne
1 Schuss Sekt
1 EL frisch geriebener Meerrettich
Salz

150 g Pfifferlinge, geputzt
100 g Lammfilet
Olivenöl
1 EL glatte Petersilie, fein geschnitten

Zubereiten
1. Das Weißbrot in 2 cm große Würfel schneiden, die Kräuter dazugeben, die Eier und das Eigelb unterziehen. Die Sahne erwärmen und über die Brotmischung gießen. Mit den Gewürzen abschmecken. Die Brotmasse mit den Händen wie einen Teig kneten. Die Weißbrotwürfel mit der Butter in der Pfanne anrösten und mit der Brotmasse vermischen. Den Knödelteig zu einer Wurst formen (7 cm Durchmesser), in Alufolie einrollen und im Wasserbad 30 Minuten pochieren.
2. Die Alufolie entfernen und die Knödel im Kühlschrank auskühlen lassen. Die Knödel in 4 mm dicke Scheiben schneiden, in Olivenöl in einer Pfanne beidseitig kurz anbraten und warm halten.
3. Für die Sauce den Geflügelfond auf die Hälfte einkochen, die Sahne dazugießen, Meerrettich und einen Schuss Sekt dazugeben und mit Salz abschmecken.
4. Die geputzten Pfifferlinge in Olivenöl in einer Pfanne anbraten und mit Salz abschmecken, warmstellen.
5. Das Lammfilet in 2 mm dicke Scheiben schneiden, in Olivenöl in einer Pfanne 1/2 Minute braten und salzen.

Anrichten
Die Knödelblätter im Wechsel mit den Lammfilets und den Pfifferlingen schichten und mit einem Knödelblatt abschließen. Die Sauce dazugeben und mit der Petersilie und dem frisch geriebenen Meerrettich bestreuen.

Tipp
Ohne Lammfilet ist dies ein hervorragendes vegetarisches Rezept.

Orientalisches Lammfilet mit Granatta

300 g Lammfilet
Olivenöl

100 g Granatta, ersatzweise Reiskornnudeln
2 Stiele Koriander
Thymianblättchen
100 ml Lammfond
2 EL Sahne
50 g Austernpilze
Zimt

Für die Marinade:
20 g Ingwer
10 Sternanis
5 Kardamomkapseln
Zesten einer halben Bio-Orange
1 EL gelbe Currypaste
5 EL Olivenöl

Zesten einer halben Bio-Orange

Zubereiten

1 Aus den angegebenen Zutaten eine Marinade herstellen und die Lammfilets 60 Minuten marinieren, dann die Filets aus der Marinade nehmen, kurz scharf anbraten, die Marinade passieren und die Filets mit etwas Marinade bestreichen. Anschließend bei 80° im Backofen 30 Minuten garen.
2 Die Granatta in Salzwasser al dente kochen, abgießen, den aufgekochten Lammfond zu den Nudeln geben und mit Thymian und klein geschnittenem Koriander abschmecken.
3 Die restliche Marinade leicht einköcheln und mit Sahne abschmecken.
4 Die Austernpilze mit Olivenöl in einer Pfanne anbraten, salzen und mit Zimt bestäuben.

Anrichten

Die Lammfilets auf die Teller setzen, Nüdelchen und Pilze dazugeben und mit der Sauce umgießen. Mit den Orangenzesten und Koriander garnieren.

Tipp

Statt der kleinen Nudeln schmecken auch Kichererbsen gut dazu.

Pochierte Lammschulter mit Rosmarin

Für 4 Personen:
1 Lammschulter 1,5 kg
4 Rosmarinzweige
300 ml Sahne
1 TL zerstoßener Pfeffer
event. Speisestärke
500 g grüne Böhnchen
Olivenöl

Zubereiten

1. Die Lammschulter ausbeinen, auf der Fettseite rautenförmig einritzen und salzen. In einen großen Gefrierbeutel legen und die Sahne und Kräuter dazugeben, möglichst luftdicht fest verschließen.
2. Damit auf keinen Fall die Rosmarinstängel den Beutel durchstoßen, den ersten vorsichtshalber in einen zweiten Gefrierbeutel legen und auch diesen verschließen. In einem Topf Wasser zum Kochen bringen, den Beutel hineinlegen und im Backofen bei 100° auf unterer Schiene ca. 6 Std. garen.
3. Die Schulter aus den Beuteln nehmen und warm halten. Den Fond passieren und um ein Drittel einkochen. Die Sauce gegebenenfalls mit Speisestärke binden, mit Salz abschmecken und mit dem Mixstab leicht aufschlagen.
4. Die Bohnen putzen, in Salzwasser blanchieren und mit etwas Olivenöl glasieren.
5. Das Lammfleisch scharf anbraten und in 1 cm dicke Scheiben schneiden.

Anrichten

Jeweils eine Scheibe Lamm auf die Teller geben, die Bohnen danebenschichten und etwas Sauce angießen.

Tipp

Statt Bohnen schmecken auch ein Kicherbsenpüree oder Shiitake-Pilze dazu.

Ferkelbäckchen mit Kohlrabi und Trüffelsauce

4 Ferkelbäckchen (beim Metzger vorbestellen)
je 20 ml Rotwein, Portwein, Madeira und Sherry
1 Karotte
je 2 Rosmarin- und Thymianzweige
200 ml Fleischbrühe
Olivenöl
Salz und Pfeffer
1 Kohlrabi
2 EL Sahne
1 TL Trüffelpaste
Salz

Für die Trüffelsauce:
1 EL Trüffelpaste
50 ml Sahne
100 ml Ferkelbäckchenfond

je 4 Blüten und Blätter der Kapuzinerkresse

Zubereiten

1. Die Ferkelbäckchen waschen, trocken tupfen, mit Salz und Pfeffer würzen und scharf anbraten. Rotwein, Portwein, Madeira, Sherry zugießen und etwas reduzieren.
2. Die Karotte schälen, grob würfeln und mit dem Rosmarin und Thymian zu dem Fleisch geben. Mit der Fleischbrühe auffüllen und ca. 45 Minuten bei 160-180° im Backofen schmoren.
3. Den Kohlrabi schälen, in 5 mm dünne Stifte schneiden und in Salzwasser 2 Minuten blanchieren, abgießen. 2 EL Sahne mit 1 EL Trüffelpaste verrühren und über die Kohlrabistifte geben. Warm stellen.
4. Den Fond aufkochen, die restliche Sahne und die Trüffelpaste zugeben und mit Salz und Pfeffer abschmecken.

Anrichten

Die Ferkelbäckchen halbieren und auf die getrüffelten Kohlrabistifte setzen. Die Trüffelsauce mit dem Stabmixer aufschäumen und über die Ferkelbäckchen geben. Mit den Blüten und Blättern der Kapuzinerkresse dekorieren.

Gefüllter Schweinsfuss mit Langostinos

1 Vanilleschote
1 Tasse Olivenöl

2 Schweinsfüße

Für die Füllung:
6 Champignons
4 Scheiben Putenleber
2 EL Sahne

4 Wontonblätter, TK
Palmfett
1 TL Trüffelpaste
2 EL Sherry
100 ml Fleischbrühe

1 EL Trüffelpaste
3 EL Sahne

4 Langostinos

Zubereiten

1. Das Vanilleöl am Vortag zubereiten: Olivenöl kurz erhitzen, das Mark der Vanille zum Öl geben und 2 Std. abkühlen lassen.
2. Die Schweinsfüße mit Salz in einen Topf geben und ca. 1 1/2 Std garen. Die Knochen sollten sich leicht vom Fleisch lösen. Den Fleischfond aufheben. Das Fleisch in 1 cm dicke Scheiben schneiden, den Rest z.B. für einen Fleischsalat aufheben.
3. Die Wontonblätter bei 80° im Backofen antauen, 4 Blätter abziehen und je 2 auf einer Arbeitsplatte in der Mitte einander überlappend auslegen. Die restlichen Wontonblätter sofort wieder einfrieren.
   Für die Füllung 4 Champignons klein würfeln und in Olivenöl anbraten, salzen und die Sahne dazugeben. Die Leber kurz in Olivenöl in einer Pfanne anbraten, salzen und in 1 cm breite Streifen schneiden. Sie sollte innen noch leicht roh sein. 6 Leberstreifen zum Anrichten warmstellen. Den Sherry auf einen Teelöffel einkochen, 50 ml Brühe dazugeben und auf 2 EL reduzieren. Trüffelpaste und Sahne hinzufügen. Die Sauce sollte dickflüssig sein.
4. Je eine Fleischscheibe auf 2 Wontonblätter legen, darauf die Champignons, die Leber und die Sauce geben. Mit den restlichen Scheiben belegen. Die Ränder der Wontonblätter mit Wasser bestreichen und fest einwickeln. In Palmfett in einer Pfanne von allen Seiten knusprig braten.
   Für die Trüffelsauce den restlichen Fleischfond aufkochen, etwas reduzieren und Trüffelpaste und Sahne zugeben und aufmixen.
5. Die restlichen Champignons vierteln und in Olivenöl in einer Pfanne 2 Minuten braten, salzen.
6. Das Vanilleöl erhitzen, die Langostinos kurz darin sautieren und warm halten.

Anrichten

Die Wontonrollen schräg aufschneiden und auf die Teller mit den Champignons und Leberscheiben geben. Die Langostinos in die Mitte legen und mit der aufgeschlagenen Trüffelsauce nappieren.

8 | Süsses

Orangentrüffel

Für 40 Stück:
150 g Puderzucker
120 g Butter
150 g Kuvertüre
1 TL Cointreau
80 g Orangenmarmelade
3 EL Schokolade, geraspelt
3 EL Mandeln, gehackt

Zubereiten

1. Butter und Zucker schaumig rühren, die Kuvertüre schmelzen und lauwarm mit der Butter-Zucker-Mischung verrühren. Cointreau und die Marmelade dazugeben und untermischen.
2. Trüffelmasse im Kühlschrank 1 Std. abkühlen lassen, Kugeln formen und die Hälfte in den gehackten Mandeln, die andere Hälfte in den Schokoladeraspeln wälzen.
3. Je nach Jahreszeit frische Früchte dazulegen.

Süsse Schnecken mit Feigen-Mandelfüllung

Für 20 Stücke:
4 Scheiben Blätterteig, TK
Mehl

50 g getrocknete Feigen
50 g getrocknete Aprikosen
1 TL Honig
100 g gehackte Mandeln
30 g Marzipan
6 EL Aprikosenmarmelade
1 Eiweiß
1 Msp. Zimt
Saft und Zesten einer Bio-Orange

Zubereiten

1. Den Blätterteig auftauen.
2. Feigen und Aprikosen fein würfeln und mit den anderen Zutaten zu einer Paste verrühren, dabei 2 EL Aprikosenmarmelade zum Glasieren aufheben.
3. Die Blätterteigplatten auf einer mit Mehl bestäubten Arbeitsfläche zu Rechtecken ausrollen und mit der Füllung bestreichen. Von den beiden langen Seiten zur Mitte aufrollen. Mit einem Messer die Rollen in 2 cm dicke Scheiben schneiden, auf ein mit Backpapier ausgelegtes Backblech legen und im vorgeheizten Backofen bei 180° auf der mittleren Schiene ca. 15 Minuten backen.
4. Die Schnecken mit der Aprikosenmarmelade glasieren.

Oliven-Feigentarte mit Oliveneisparfait

Für 12 Stücke:
Für das Oliveneisparfait:
3 Eigelb
3 EL Zucker
2 EL Oliventapenade, Rezept siehe Seite 198
200 ml Sahne

Minzeblättchen

Für die Tarte:
6 blaue Feigen
100 ml roter Portwein
100 g Butter, 75 g Mehl
75 g gemahlene Mandeln
100 g Zucker, 3 Eigelb
70 g schwarze Oliven, fein gehackt
30 g schwarze Oliven, halbiert
250 ml Sahne, 1 EL Speisestärke

Zubereiten

1. Die Eigelb mit dem Zucker schaumig rühren, die Oliventapenade dazugeben, dann die geschlagene Sahne vorsichtig unterheben. Die Eismasse in eine längliche Form geben. 6-8 Std. gefrieren lassen.
2. Die Feigen in Spalten schneiden und in Portwein 2 Std. marinieren.
3. Aus Butter, Mehl, Mandeln, 50 g Zucker, 1 Eigelb und den gehackten Oliven einen glatten Teig kneten, in Klarsichtfolie einschlagen und 3 Std. kalt legen.
4. Den Teig ausrollen, in eine gebutterte Form geben, einen Rand hochziehen, mit Alufolie bedecken und bei 200° 15 Minuten blind backen. Die Folie entfernen und die Tarte auskühlen lassen.
5. 180 ml Sahne mit dem restlichen Zucker und den beiden Olivensorten aufkochen. Die Speisestärke mit der restliche Sahne und den 2 Eigelb anrühren und mit der warmen Flüssigkeit zu einer Creme rühren.
6. Die Creme auf die vorgebackene Tarte geben, die Feigen darauf verteilen und im vorgeheizten Backofen bei 220° 8-10 Minuten backen.

Anrichten

Vor dem Servieren das Eisparfait 30 Minuten in den Kühlschrank stellen. Die Tarte abkühlen lassen und in Stücke schneiden. Das Oliveneisparfait auf den Minzblättchen servieren.

Süsse Tomaten mit Vanilleeisparfait

Für das Eisparfait (ergibt 12 Kugeln):
3 Eigelb
3 EL Zucker
Mark einer Vanilleschote
200 ml Sahne

2 große Tomaten (für 2 Portionen)

Für die Füllung:
30 g Rosinen, 4 EL roter Portwein
30 g Apfel- und Birnenwürfel
1 EL Butter, 1 EL gehackte Mandeln
30 g Himbeeren, 1 TL Agavendicksaft
2 EL Orangensaft, 1 EL Zitronensaft
Mark einer 1/2 Vanilleschote, Olivenöl

2 EL Minzeblättchen, 2 EL Heidelbeeren

Zubereiten

1. Für das Parfait die Eigelb mit dem Zucker schaumig rühren, das Vanillemark unter die Eigelbmasse geben, dann die geschlagene Sahne vorsichtig unterheben. Die Creme in eine längliche Form füllen und 6-8 Std. gefrieren lassen.
2. Das obere Drittel der Tomaten abschneiden und die Tomaten aushöhlen.
3. Für die Füllung die Rosinen 2 Std. in Portwein einweichen, die Apfel- und Birnenwürfel in einer Pfanne in Butter kurz anbraten, mit den gehackten Mandeln und den Rosinen mischen.
4. Orangen- und Zitronensaft mit dem Agavendicksaft verrühren und über die Obst-Mandel-Mischung geben. Die ausgehöhlten Tomaten damit füllen – 2 EL für die Dekoration beiseite stellen – und in eine mit Olivenöl ausgepinselte feuerfeste Form geben..
5. Die Tomaten bei 180° im Backofen ca. 8 Minuten schmoren. Die Tomaten sollten außen noch fest sein.

Anrichten

Die Tomaten etwas abkühlen lassen, vorsichtig auf einen Teller setzen und je eine Kugel Eisparfait auf die Tomaten geben. Mit den Heidelbeeren, Minzeblättchen und der restlichen Füllung dekorieren.

Walnuss-Mandelecken mit Mandeleisparfait

Für 30 Stück:
Für den Mürbeteig:
150 g Mehl
50 g gemahlene Mandeln
200 g Zucker
1 Prise Salz
1 TL gemahlener Zimt
1 Eigelb
125 g Butter

50 g Walnüsse, grob gehackt
50 g Zartbitterschokolade, grob gehackt

Für den Belag:
40 g Zucker
50 g Honig
50 g Butter
100 g Walnüsse, gehackt
150 g Mandelblätter
4 EL Sahne

4 Kugeln Mandeleisparfait, Rezept siehe Seite 191

Zubereiten

1 Die Mürbeteigzutaten zu einem glatten Teig verarbeiten, dann die Walnusskerne und Zartbitterschokolade einarbeiten. Den Teig auf Backpapier ca. 1/2 cm dick ausrollen und eine Stunde im Kühlschrank ruhen lassen.
2 Für den Belag die Sahne mit Zucker, Honig und Butter 2-3 Minuten aufkochen. Mit den Walnüssen und den Mandelnblättern verrühren, leicht abkühlen lassen und gleichmäßig auf den Teig streichen, auf ein Blech legen und auf der unteren Schiene im Backofen bei 160° Umluft in ca. 20 Minuten goldbraun backen.

Anrichten

Den Teig auskühlen lassen, in kleine Rauten schneiden und 2 Kugeln Mandeleisparfait dazu servieren.

Früchtebrot

Für 20 Scheiben:
120 g Zucker
3 Eier
60 g Haselnüsse
120 g Mandeln
120 g Datteln, getrocknet, entsteint
100 g getrocknete Feigen
120 g Rosinen
100 g Zitronat
100 g Orangeat
120 g Mehl
30 g Rum
1 TL Backpulver
3 TL Zimt
Zucker für die Form

Zubereiten
1. Eier und Zucker schaumig rühren. Nüsse und Mandeln hacken, Datteln und Feigen würfeln und alles zu der Eiermischung geben. Die restlichen Zutaten dazugeben und alles zu einem Teig verarbeiten.
2. Eine Kastenform gut einfetten und mit Zucker ausstreuen, den Teig einfüllen und im vorgeheizten Backofen bei 150° 90 Minuten backen.
3. Anschließend 30 Minuten ruhen lassen, dann aus der Form stürzen. Das Früchtebrot mit einem Elektromesser in 1-1 1/2 cm breite Scheiben schneiden.

Tipp
Hält sich in einer Blechdose 4 Wochen lang.

Mandeleisparfait

Für 12 Kugeln:
3 Eigelb
3 EL Zucker
1/2 TL Vanillepulver
1/2 TL Zimt
200 ml Sahne
1 EL Amaretto

Für den Krokant:
40 g gehackte Mandeln
2 EL Zucker

Zubereiten

1. Die Eigelb mit dem Zucker schaumig rühren, Zimt und Vanille dazugeben, dann die geschlagene Sahne vorsichtig unterheben und mit dem Amaretto aromatisieren.
2. Für den Krokant den Zucker in einer Pfanne karamellisieren und die Mandeln dazugeben, auf einer Alufolie verteilen und auskühlen lassen. Mit einem Nudelholz darüberrollen, um den Krokant zu zerkleinern.
3. Ein Drittel der Eismasse in eine längliche Form füllen und für ca. 60 Minuten gefrieren. Die Hälfte des Krokants darüber streuen und das 2. Drittel der Eismasse darauf verteilen. Wieder anfrieren lassen und alles noch einmal wiederholen.
4. 30 Minuten vor dem Servieren das Parfait aus dem Gefrierschrank nehmen und in den Kühlschrank stellen.

Mandelkuchen mit Birnenfüllung

Für 12 Stücke:
Für den Teig:
150 Mehl
50 g gemahlene Mandeln
1 Ei
1 Prise Salz
80 g Butter
70 g Zucker
Zesten einer halben Bio-Zitrone

Für den Belag:
3 mittelgroße Birnen
80 g Butter
80 g Zucker
6 EL Sahne
250 g Mandeln, grob gemahlen
2 EL Amaretto

Zubereiten

1. Aus den angegebenen Zutaten einen glatten Teig kneten. Den Mürbeteig auf einer bemehlten Arbeitsfläche ausrollen, in eine Springform von 24 cm Durchmesser geben, einen Rand hochziehen und im Kühlschrank 20 Minuten ruhen lassen.
2. Für die Füllung die Birnen schälen, die Kerngehäuse herausschneiden und in dicke Spalten schneiden. In einer Pfanne mit 1 EL Butter 5 Minuten dünsten und mit einem Schuss Weißwein ablöschen, die Birnen sollten nicht zu weich sein, abkühlen lassen, dann auf den Mürbeteig geben.
3. Für den Belag die Butter in einem Topf erhitzen, Zucker und Sahne zugeben und 5 Minuten köcheln lassen. Mandeln und Amaretto untermischen und die Masse über die Birnen streichen.
4. Bei 220° im vorgeheizten Backofen 30 Minuten backen. Kuchen aus der Form nehmen und abkühlen kassen.

Tipp

Mandeleisparfait (Rezept siehe Seite 195) schmeckt lecker dazu.

Schokocremeschnitte mit Mandeln

Für 12 Stücke:
Für den Teig:
100 g bittere Kuvertüre
150 g Butter, 150 g Zucker
4 Eigelb, 4 Eiweiß
60 g Mehl , 60 g Mandeln, fein gemahlen
2 EL Rum oder Amaretto

Für die Füllung:
100 g Halbbitterschokolade
1 Ei
1/4 l Sahne
3 Blatt oder 1/2 Päckchen gemahlene Gelatine
50 g Mandeln, grob gemahlen

Zubereiten

1. Die Schokolade in einem Gefäß im heißen Wasserbad schmelzen und etwas abkühlen lassen.
2. Butter mit zwei Drittel des Zuckers schaumig rühren und nach und nach abwechselnd die warme Schokolade und die Eigelb untermischen.
3. Eiweiß mit dem restlichen Zucker steif schlagen. Rum oder Amaretto in die Schokocreme rühren, Mehl und Mandeln dazugeben und vorsichtig den Eischnee unterheben.
4. Den Teig auf ein mit Backpapier ausgelegtes Backblech streichen und im vorgeheizten Backofen auf mittlerer Schiene bei 180° 20 Minuten backen.
5. Den fertigen Kuchen auf die Arbeitsfläche stürzen, das Backpapier abziehen und ihn auskühlen lassen, anschließend waagerecht halbieren.
6. Für die Füllung die Schokolade im heißen Wasserbad auflösen, abkühlen lassen und mit dem verquirlten Ei schaumig rühren.
7. Die Sahne steif schlagen und mit den Mandeln in die Schokoladenmischung geben. Die in kaltem Wasser eingeweichte Gelatine kurz erwärmen bis sie völlig gelöst ist. Mit dem Schneebesen locker in die Schokoladencreme rühren.
8. Die Creme auf die eine Hälfte des Kuchens streichen und mit der 2. Kuchenhälfte abdecken.
9. Den Kuchen mindestens 1 Tag im Kühlschrank ruhen lassen.

8 Süsses

Basics

Krustentierfond

300 g Krustentierschalen
Olivenöl
3 EL Cognac
3 EL Madeira
3 EL Noilly Prat
100 ml Weißwein
2 Tomaten
2 EL Tomatenmark
3 Zweige Thymian und Estragon

Zubereiten
Die Krustentierschalen in Olivenöl anrösten, mit Cognac und Madeira übergießen und etwas einkochen lassen, anschließend Noilly Prat und Weißwein zugeben und auf die Hälfte einkochen. Die gewürfelten Tomaten, das Tomatenmark und die Kräuter zugeben und mit 300 ml Wasser aufgießen.
30 Minuten köcheln lassen, passieren und zur Hälfte einkochen.

Tipp
Eignet sich gut zum portionsweisen Einfrieren. Lässt sich wunderbar mit geschlagener Sahne verfeinern.

Mayonnaise

2 Eier
10 EL Olivenöl
1 1/2 EL Senf
1 TL weißer Balsamicoessig
1/2 TL Agavendicksaft
Salz

Zubereiten
Die Eiweiß vom Eigelb trennen und zu Schnee schlagen. Das Eigelb mit Senf und 1 EL Olivenöl langsam mit dem Rührgerät zu einer Mayonnaise rühren. Nach und nach in kleinen Mengen das restliche Olivenöl dazugeben und mit Salz, Agavendicksaft und Essig abschmecken. Vorsichtig den Eischnee darunter heben.
Wichtig: Alle Zutaten müssen Zimmertemperatur haben.

Tipp
Statt Eischnee 3 EL geschlagene Sahne zugeben und mit Sambal oelek würzen.

Oliventapenade

200 g schwarze Oliven
60 ml Olivenöl

Zubereiten
Die Oliven entsteinen und mit dem Olivenöl in ein Gefäß geben. Mit dem Schneidstab pürieren.
Mit Olivenöl bedeckt hält sich die Tapenade in einem Glas mit Schraubverschluss wochenlang im Kühlschrank.

PETERSILIENSAUCE

1 Bund glatte Petersilie
5 EL Olivenöl, Salz

ZUBEREITEN
Die Petersilie waschen, die Blätter von den Stielen zupfen und 1 Minute in Salzwasser blanchieren, abgießen und dabei 100 ml des Blanchierwassers aufheben. Die Petersilie mit Eiswasser abschrecken, damit die Farbe erhalten bleibt. Die Petersilie ausdrücken und mit Olivenöl und Blanchierwasser fein pürieren, gegebenenfalls passieren, mit Salz abschmecken.

TIPP
Die Petersiliensauce kann man gut in kleinen Portionen einfrieren.

SUSHI-INGWER

3 EL Zucker
50 ml Wasser
50 g Ingwer
3 EL Reisessig

ZUBEREITEN
Ingwer schälen und in dünne Scheiben schneiden. Zucker mit 50 ml Wasser aufkochen und den Reisessig hinzufügen. Die Ingwerscheiben in ein Glas mit Schraubverschluss füllen und die Zuckeressig-Mischung darübergießen. Fest verschließen.

TIPP
Sushi-Ingwer lässt sich im Glas hervorragend wochenlang im Kühlschrank aufheben.

TOMATENSAUCE

300 g reife Tomaten
1 TL Agavendicksaft oder 1 TL Zucker
1 EL Olivenöl
1 Zweig Thymian und Rosmarin
Salz, schwarzer Pfeffer

ZUBEREITEN
Den Stängelansatz der Tomaten entfernen, die Tomaten in große Würfel schneiden und 5 Minuten in Olivenöl andünsten. Nach und nach Wasser (etwa 1/2 Liter) hinzufügen, ebenso die Kräuter und den Agavendicksaft. 20 Minuten köcheln lassen. Die Kräuter entfernen und die Sauce in der Flotten Lotte passieren. Etwas einkochen und mit Salz und Pfeffer abschmecken.

TIPP
Wenn Tomatensaison ist, größere Mengen zubereiten – lässt sich wunderbar einfrieren.

WEISSE FISCHSAUCE

4 EL Noilly Prat
200 ml Fischfond
2 EL geschlagene Sahne
Salz und Cayennepfeffer

ZUBEREITEN
Noilly Prat auf die Hälfte einkochen, den Fischfond zugeben und ebenfalls um die Hälfte einkochen lassen. Die Sahne zugeben und mit Salz und Pfeffer abschmecken.

TIPP
Die Fischsauce eignet sich gut zum Einfrieren.

9 BASICS

Gekochter Pulpo

1,5 -2,0 kg Pulpo
Salz

Den Pulpo waschen, säubern, die Tentakel einzeln vom Kopf abtrennen und in kochendes Salzwasser geben. Ca. 60 Minuten leise köchelnd weich garen. Den Pulpo herausnehmen, abkühlen lassen und portionsweise einfrieren.

Gebeizter Lachs

500 g Lachsfilet

Für die Beize:
50 g Zucker
30 g Salz
10 Sternanis, zerstoßen
1 TL Steakpfeffer
Abrieb einer Bio-Limone

200 ml Olivenöl

Zubereiten
Den Fisch am Vortag mit den angegebenen Zutaten in einem Gefrierbeutel beizen und über Nacht kühl stellen.

Aus der Beize nehmen, abwaschen, trocken tupfen und 2-3 Stunden in Olivenöl legen.

Zutaten

5-Gewürzpulver
typisch asiatische Gewürzmischung aus Sternanis, Fenchel, Nelke, Szechuanpfeffer und Zimt

Bucatini
dicke Spaghetti

Calamartinte
4 g Beutel; in guten Fischläden erhältlich

Chorizo
spanische luftgetrocknete Paprikasalami

Kaffirlimonenblätter
in Asialäden erhältlich

Lardo
italienischer Speck

Noilly Prat
französischer Wermut

Nuoc Mam
vietnamesische Fischsauce; in Asialäden erhältlich

Paccheri
röhrenförmige Hartweizengrießnudeln

Palmfett
in Bioläden erhältlich

Piment d'espelette
Würzpulver aus getrockneten Chillischoten

Raz al Hanout
nordafrikanisches Gewürz mit Ingwer, Kurkuma, Kardamom, schwarzem und weißem Pfeffer

Reispapierblätter
22 cm Durchmesser; in Asialäden erhältlich

Sambal oelek
dickflüssige rote Würzsauce aus roten kleingehackten Chilis, Salz und Essig; in Asialäden erhältlich

Skrei
Winterkabeljau

Sobrasada
mallorquinische Paprikawurst

Sternanis
leicht süßliches Aroma, viel intensiver als Anissamen

Tamarindenpaste
herbsäuerliche Würze aus indischen Datteln; in Asialäden erhältlich

Tandoori
Paste aus verschiedenen Gewürzen wie Ingwer, Tamarinden, Gelbwurz; in Asialäden erhältlich

Teriyaki
Sauce aus Sake, Mirin und Sojasauce; in Asialäden erhältlich

Trüffelpaste
in Delikatessenläden erhältlich

Wasabi
japanische Meerrettichpaste, gebrauchsfertig in Tuben

Wontonblätter
22 x 22 cm, TK; in Asialäden erhältlich

INHALT

Vorwort — 7
Kochen und Mode – guter Geschmack ist unsere Leidenschaft — 7

1. Tapas und Kleinigkeiten — 11
Involtini mit Lachs und Forellenkaviar — 12
Trüffel von der Entenleber mit Pumpernickel-Crumbles — 14
Körnerbrotschnitten mit Blauschimmelkäse — 16
Nusspesto mit Datteln im Schinkenmantel — 18
Paccheri, gefüllt mit Thunfischcreme — 20
Thymian-Quiche mit Bratwurstbrät — 22
Blätterteigschnecken mit Oliventapenade — 24
Gugelhupf mit Mandeln und getrockneten Tomaten — 25
Lachscrostini mit Sushi-Ingwer und Wasabicreme — 26
Crostini mit Entenleber — 27

2. Gemüse und Salate — 29
Salat mit Pulpo und Nektarinen — 30
Exotischer Geflügelsalat mit Curry und Orange — 32
Frühlingsrollen mit Tamarinden-Dip — 34
Glücksrollen — 36
Pfifferlingstartar in Wonton auf Petersiliensauce — 38
Asiatischer Salat mit Kokosvinaigrette — 40
Tagliatelle von der Gurke mit Sushi-Ingwer und Lachswürfeln — 42
Gartensalat mit Lachsscheiben — 44
Kohlrabi-Carpaccio — 46
Lardo auf pochiertem Ei mit Linsensalat — 48
Sashimi von der Mainzer Fleischwurst — 50
Grüner Spargel auf italienischem Landbrot — 52
Steinpilze mit Langostinos und konfierten Kartoffeln — 54
Artischocken im Wontonblatt mit Oliven und Spinat — 56
Grüner Salat mit Artischocke und Trüffelvinaigrette — 57

3. Pasta, Risotto und Suppen — 59

- Bucatini mit Morcheln — 60
- Nudelsalat mit Calamaretti und dicken Bohnen — 62
- Lachs auf Tagliatelle mit Tomatenstreifen — 64
- Aprikosenravioli mit Pfifferlingen — 66
- Mangoldsuppe mit Trüffelsahne — 68
- Kichererbsensuppe mit Langostinos und Lardo — 70
- Thai Kokossuppe — 72
- Majoransud mit pochierten Wachtelkeulen — 74
- Schwarzer Risotto mit Calamaretti — 76
- Tomaten-Kokosrisotto mit Gambas — 78

4. Meeresfrüchte — 81

- Calamaretti mit Mangosalat und Wasabi-Mayonnaise — 82
- Jakobsmuscheln auf Kartoffeltörtchen — 84
- Pulpo auf Kartoffelscheiben — 86
- Erbsenstampf mit Gambas — 88
- Gambastartar mit Petersilienschaum — 90
- Calamaretti mit schwarzem Sprossensalat — 92
- Gratinierte Meeresfrüchte — 94
- Gambas mit Kokos-Cappuccino — 96
- Langostinos mit geriebener Gurke — 97

5. Fisch — 99

- Carpaccio vom Wolfsbarsch — 100
- Lachswürfel mit Eigelb-Dip und Kapern — 102
- Lachstartar mit grünem Spargel — 104
- Marinierter Lachs mit Wasabi-Eisparfait — 106
- Fischrillette — 108
- Lachs auf Spinatbett — 110
- Wolfsbarsch im Artischockensud — 112
- Portugiesische Fischsuppe „Caldeirada" — 114

Kabeljau mit Korianderöl	116
Kabeljau-Brandade	118
Loempia vom St. Petersfisch	120
Pochierter Kabeljau mit schwarzer Wasabisauce	122
Rochenflügel mit Aprikosen	124
Doradenfilets mit Sobrasada-Kartoffelstampf	126
Zander mit Chorizo-Nudelragout	128

6. Geflügel — 131

Pilzsalat mit Perlhuhn und Heidelbeeren	132
Perlhuhnkeulen mit Mandelsauce auf Wirsing	134
Maispoulardenbrust mit Mango	136
Orangenhuhn mit Datteln und Oliven	138
Stubenküken mit Mandelvinaigrette	140
Asiatische Wachteln in Kokosmilch	142
Mediterrane Wachtel	144
Wachtel mit Kartoffeltrüffelsauce und Spinatsalat	146
Papillote von der Wachtel	148
Taubenbrust mit Artischocken-Pilz-Salat	150
Feigenravioli mit Entenleber und Taubenbrust	152
Huhn auf mallorquinische Art mit Sobrasada	154
Stubenküken auf Tamarindenschaum mit Möhren	155

7. Fleisch — 157

Spareribs mit Mango	158
Wonton vom Kaninchenrückenfilet	160
Kaninchenrücken mit Calamaretti und Zimtsauce	162

Kaninchenkeulen mit Feigen	164
Geschmorte Kaninchenkeule mit Steinpilzen	166
Millefeuille von Knödelblättern mit Lammfilet und Pfifferlingen	168
Orientalisches Lammfilet mit Granatta	170
Pochierte Lammschulter mit Rosmarin	172
Ferkelbäckchen mit Kohlrabi und Trüffelsauce	174
Gefüllter Schweinsfuß mit Langostinos	176

8. Süßes 179

Orangentrüffel	180
Süße Schnecken mit Feigen-Mandelfüllung	182
Oliven-Feigentarte mit Oliveneisparfait	184
Süße Tomaten mit Vanilleeisparfait	186
Walnuss-Mandelecken mit Mandeleisparfait	188
Früchtebrot	190
Mandeleisparfait	191
Mandelkuchen mit Birnenfüllung	192
Schokocremeschnitte mit Mandeln	193

Basics 194

Krustentierfond	194
Mayonnaise	194
Oliventapenade	194
Petersiliensauce	195
Sushi-Ingwer	195
Tomatensauce	195
Weiße Fischsauce	195
Gebeizter Lachs	196
Gekochter Pulpo	196

Zutaten 197

Register 202

REGISTER

A
Aprikosen mit Rochenflügel 124
Aprikosenravioli mit Pfifferlingen 66
Artischocke im Wontonblatt 56
Artischocke mit grünem Salat und Trüffelvinaigrette 57
Artischocken mit Steinpilzen und Kaninchenkeulen 166
Artischocken mit Wolfsbarsch 112
Artischocken-Pilzsalat mit Tauben 150

B
Blätterteigschnecken mit Oliventapenade 24
Bucatini mit Morcheln 60

C
Calamaretti mit Kaninchenfilet 162
Calamaretti mit Mangosalat 82
Calamaretti mit schwarzem Risotto 76
Carpaccio vom Wolfsbarsch 100
Crostini mit Lachs und Wasabisahne 26
Crostini mit Entenleber 27

D/E
Doradenfilets mit Kartoffelstampf 126
Entenleber mit Pumpernickel 14
Erbsenstampf mit Gambas 88

F
Feigen mit Kaninchenkeulen 164
Feigen-Oliven-Tarte 184
Feigenravioli mit Taubenbrust 152
Ferkelbäckchen mit Kohlrabi und Trüffelsauce 174
Fischrillette 108
Fischsuppe portugiesisch mit Kabeljau 114
Fleischwurst-Sashimi 50
Früchtebrot 190
Frühlingsrollen mit Tamarinden-Dip 34

G
Gambas mit Erbsen 88
Gambas mit Huhn und Sobrasada 154
Gambas mit Kokoscapuccino 96
Gambastartar mit Petersilienschaum 90
Gartensalat mit Lachsfilet 44
Geflügelsalat mit Orangen 32
Glücksrollen 36
Grüner Spargel auf italienischem Landbrot 52
Grüner Spargel mit Lachstartar 104
Gugelhupf mit getrockneten Tomaten 25
Gurke mit Langostinos 97
Gurken mit Lachsfilet 42

H/I/J
Huhn mit Sobrasada und Gambas 154
Involtini mit Lachs und Forellenkaviar 12
Jakobsmuscheln auf Kartoffeltörtchen 84

K
Kabeljau mit Zucchini und Korianderöl 116
Kabeljaubrandade 118
Kaninchenfilet mit Calamaretti 162
Kaninchenkeulen geschmort mit Steinpilzen 166
Kaninchenkeulen mit Feigen 164
Kaninchenrücken mit Lebervinaigrette 160
Kartoffelstampf mit Sobrasada und Doradenfilets 126
Kichererbsensuppe mit Langostinos und Lardo 70
Knödelblätter mit Pfifferlingen und Lammfilet 168
Kohlrabi mit Ferkelbäckchen 174
Kohlrabicarpaccio mit Orangen und Minze 46
Körnerbrot mit Blauschimmelkäse 16
Krustentierfond 194

L
Lachs auf Spinatbett 110
Lachs gebeizt 196
Lachs mariniert mit Wasabi-Eisparfait 106
Lachsfilet mit Gurken 42
Lachsinvoltini 12
Lachstartar mit grünem Spargel 104
Lachswürfel mit Eigelbdip 102
Lammfilet mit Austernpilzen 170
Lammfilet mit Pfifferlingen 168
Lammschulter mit Rosmarin 172
Langostinos in Kichererbsensuppe 70
Langostinos mit Gurke 97
Langostinos mit Steinpilzen 54
Linsensalat mit Zuckerschoten und pochiertem Ei 48

M

Maishuhnbrust mit Salat und Kokosvinaigrette 40
Mandeleisparfait 191
Mandelkuchen mit Birnen gefüllt 192
Mangoldsuppe mit Trüffelsauce 68
Mangosalat mit Calamaretti 82
Mayonnaise 194
Meeresfrüchte gratiniert 94
Morcheln mit Bucatini 60

N

Nudelsalat mit Calamaretti und Dicken Bohnen 62
Nusspesto mit Datteln 18

O

Oliveneisparfait 184
Olivetapenade 194
Orangenhuhn mit Datteln und Oliven 138
Orangentrüffel 180

P

Paccheri gefüllt mit Thunfischcreme ??
Perlhuhnbrust mit Pilzsalat 132
Perlhuhnkeulen mit Mandelsauce 134
Petersiliensauce 195
Pfifferlinge mit Lammfilet und Knödelblättern 168
Pfifferlinge in Wontonblättern 98
Pfifferlinge mit Aprikosenravioli 66
Pfifferlinge mit Feigenravioli und Taubenbrust 152
Pilzsalat mit Perlhuhnbrust 132
Poulardenbrust mit Mango gefüllt 136
Pulpo gegart 196
Pulpo mit Kartoffelscheiben 86
Pulpo mit Obst und Salat 30

R

Ravioli mit Feigen und Taubenbrust 152
Risotto mit Calamaretti 76
Risotto mit Gambas und Tomaten-Kokossauce 78
Rochenflügel mit Aprikosen 124

S

Salat mit Artischocke und Trüffelvinaigrette 57
Salat mit Maishuhnbrust und Kokosvinaigrette 40
Salat mit Pulpo und Obst 30
Schokoladencremeschnitte 193
Schweinsfuß gefüllt 176
Sobrasada-Kartoffelstampf mit Doradenfilets 126
Spareribs mit Mango 158
Spargel mit Stubenküken 140
Spinat mit Lachs 110
St. Petersfisch auf Sojasprossen 120
Steinpilze mit Kaninchenkeulen 166
Steinpilze mit Langostinos 54
Steinpilze und Pfifferlinge mit Taubenbrust 150
Stubenküken mit Mandelvinaigrette 140
Sushi-Ingwer 26, 195
Süße Schnecken mit Feigen-Mandelfüllung 182
Süße Tomaten mit Vanille-Eisparfait 186

T

Tagliatelle mit Lachs 42, 64
Taubenbrust mit Artischocken und Pilzen 150
Taubenbrust mit Feigenravioli 152
Thai Kokossuppe 72
Thunfischcreme in Paccheri 20
Thymian-Quiche mit Bratwurstbrät 22
Tomatenkokosrisotto 78
Tomatensauce 195

W

Wachtel mit Kartoffeltrüffelsauce 146
Wachteln mediterran mit Orangen 144
Wachteln mit Kokosmilch 142
Wachteln pochiert im Majoransud 74
Wachtelpapillote 148
Walnussmandelecken 188
Wasabi-Eisparfait 106
Weiße Fischsauce 195
Wolfsbarsch im Artischockensud 112
Wolfsbarschcarpaccio 100

Z

Zanderfilet mit Chorizo-Nudelragout 128
Zuckerschoten mit Linsensalat 48

Wir Danken:

Viel Unterstützung haben wir bei den Einkäufen für unsere Rezepte im Frische-Paradies Frankfurt-Griesheim und auf dem Mainzer Wochenmarkt erfahren. Hier möchten wir uns sehr herzlich bei Stahls Obst- und Gemüseservice und der Landmetzgerei Andreas Harth bedanken.

Danke auch an unsere Mitarbeiter bei FURORE, die uns unterstützten, und an Angelika Schulz-Parthu vom Leinpfad Verlag in Ingelheim, die an unsere Idee glaubte und uns viele wichtige Tipps gab. Reiner Wierick verdanken wir eine Einführung in die Food Fotografie. Ein besonderes Dankeschön gilt Christine Landua, die bei der Konzeption mitarbeitete, die begleitenden Texte schrieb und einen Teil der Fotos machte.

© Leinpfad Verlag Ingelheim, Herbst 2013

Alle Rechte, auch diejenigen der Übersetzung, vorbehalten.
Kein Teil dieses Buches darf in irgendeiner Form (Druck, Fotokopie, Mikrofilm oder ein anderes Verfahren) ohne die schriftliche Genehmigung des Leinpfad Verlages reproduziert oder unter Verwendung elektronischer Systeme verarbeitet, vervielfältigt oder verbreitet werden.

Umschlag: kosa-design, Ingelheim
Layout: Leinpfad Verlag, Ingelheim
Druck: wolf print, Ingelheim
Fotos und begleitende Texte: Christine Landua Kommunikation, Mainz

Leinpfad Verlag, Leinpfad 5, 55218 Ingelheim,
Tel. 06132/8369, Fax: 896951
E-Mail: info@leinapfadverlag.de
www.leinpfadverlag.com
ISBN 978-3-942291-73-6